EU VIA SATANÁS CAIR COMO UM RELÂMPAGO

René Girard

EU VIA SATANÁS CAIR COMO UM RELÂMPAGO

Tradução
Martha Gambini

Revisão de tradução
Alcida Brant

Revisão técnica
Pedro Sette-Câmara

13ª edição

PAZ & TERRA

Rio de Janeiro
2025

Copyright © Éditions Grasset & Fasquelle, 1999.

Projeto gráfico: Priscila Cardoso

Diagramação: Filigrama

Direitos de edição da obra em língua portuguesa no Brasil adquiridos pela EDITORA PAZ E TERRA. Todos os direitos reservados. Nenhuma parte desta obra pode ser apropriada e estocada em sistema de banco de dados ou processo similar, em qualquer forma ou meio, seja eletrônico, de fotocópia, gravação etc., sem permissão do detentor do copyright.

EDITORA PAZ E TERRA LTDA
Rua Argentina, 171 – Rio de Janeiro, RJ – 20921-380
Tel.: (21) 2585-2000.

Texto revisado pelo Acordo Ortográfico da Língua Portuguesa de 1990.

CIP-BRASIL. CATALOGAÇÃO NA PUBLICAÇÃO
SINDICATO NACIONAL DOS EDITORES DE LIVROS, RJ

Girard, René
Eu via Satanás cair como um relâmpago / René Gerard ; tradução Martha Gambini – 13ª ed. – Rio de Janeiro : Paz e Terra, 2025.

ISBN: 978-85-7753-203-2

Título original: Je vois Satan tomber comme l'éclair.
1. Antropologia 2. Bíblia - Comentários 3. Mitologia 4. Violência - Aspectos religiosos I. Título.

12-02990   CDD-241.697

Impresso no Brasil
2025

Eu via Satanás cair como um relâmpago.

(Lucas 10,18)

A meus netos,
Olivia e Matthew
Jessie, Danielle, David e Peter
Gabrielle, Virginia e Renée

Sumário

INTRODUÇÃO   11

PRIMEIRA PARTE
O saber bíblico sobre a violência   23

I   É preciso que o escândalo aconteça   25
II   O ciclo de violência mimética   41
III   Satanás   59

SEGUNDA PARTE
O enigma dos mitos resolvido   79

IV   O horrível milagre de Apolônio de
      Tiana   81
V   Mitologia   99
VI   Sacrifício   111
VII   O assassinato fundador   127
VIII As potestades e os principados   145

TERCEIRA PARTE
O triunfo da Cruz   153

IX   Singularidade da Bíblia   155
X   Singularidade dos Evangelhos   177
XI   O triunfo da Cruz   197
XII   Bode expiatório   219
XIII   O cuidado moderno com as vítimas   229
XIV   A dupla herança de Nietzsche   241

CONCLUSÃO   257

INTRODUÇÃO

LENTA MAS IRRESISTIVELMENTE, o domínio da religião vai se enfraquecendo por todo o planeta. Entre as espécies vivas cuja sobrevivência é ameaçada no mundo, é preciso incluir as religiões. As menores morreram há muito tempo, as maiores não andam tão bem quanto se diz, mesmo o indomável islã, mesmo o inumerável hinduísmo.

Em certas regiões, a crise é tão lenta que ainda se pode negar sua existência, mas isso não vai durar. A crise está por toda parte, e por toda parte ela se acelera, embora em diferentes ritmos. Começou nos países cristianizados há mais tempo, e é aí que se encontra mais avançada.

Nossos sábios e cientistas esperam há séculos o desaparecimento do cristianismo, e pela primeira vez ousam afirmar que essa hora chegou, anunciando solenemente, embora de modo um tanto insípido, que entramos na fase *pós-cristã* da história humana.

É certo que muitos observadores dão uma interpretação diferente da situação atual. A cada seis meses, predizem um "retorno da religião", agitando o espantalho dos fundamentalismos. Mas esses movimentos mobilizam apenas ínfimas minorias. São reações desesperadas à indiferença religiosa que cresce por todo lado.

De fato, a crise da religião é um dado fundamental de nosso tempo. Para encontrar seu início é preciso remontar à primeira unificação do planeta, às Grandes Descobertas, indo talvez ainda mais longe, a tudo o que impulsiona a inteligência humana em direção às *comparações*.

O comparatismo selvagem grassa por toda parte e ataca todas as religiões, mas as mais vulneráveis são evidentemente as mais intransigentes, em particular aquela que coloca a salvação de toda a humanidade sobre o suplício de um jovem judeu desconhecido, há 2 mil anos, em Jerusalém. Para o cristianismo, Jesus Cristo é o único redentor: "Pois não há, debaixo do céu, outro nome dado aos homens pelo qual devamos ser salvos"* (Atos 4,12).

A moderna feira de religiões submete a convicção cristã a uma dura prova. Durante quatro ou cinco séculos, viajantes e etnólogos forneceram abundantemente, a um público sempre mais curioso e cético, descrições de cultos arcaicos mais desconcertantes por sua familiaridade do que por seu exotismo.

Já no Império Romano, certos defensores do paganismo viam na Paixão e na Ressurreição de Jesus Cristo um *muthos* análogo ao de Osíris, Átis, Adônis, Ormuzd, Dioniso e outros heróis e heroínas dos mitos ditos *de morte e de ressurreição*.

O assassinato muitas vezes coletivo de uma vítima encontra-se por toda parte, e por toda parte conduz a uma reaparição triunfal dessa mesma vítima ressuscitada e divinizada.

Em todos os cultos arcaicos, ritos comemoram e reproduzem o mito fundador imolando vítimas humanas ou animais que substituem a vítima original, aquela cuja morte e

---

* Salvo em casos especiais, que indicaremos expressamente, os textos bíblicos serão traduzidos segundo a versão da Bíblia de Jerusalém (São Paulo: Paulus, 2006). Por isso também utilizamos a forma Iahweh, e não Javé, para designar o nome bíblico de Deus. (N.T.)

retorno triunfal os mitos relatam. Em geral, os sacrifícios finalizam-se com uma refeição comunitária. É sempre a vítima, animal ou humana, que arca com as consequências do banquete. O canibalismo ritual não é "uma invenção do imperialismo ocidental", mas um dado fundamental do religioso arcaico.

Sem aprovar a violência dos conquistadores, é fácil compreender a impressão que estes tinham dos sacrifícios astecas: consideravam uma paródia diabólica do cristianismo.

Os comparatistas anticristãos nunca deixam de aproximar a eucaristia cristã dos festins canibais. Longe de excluir tais aproximações, a linguagem dos Evangelhos as evoca: "Se não comerdes a carne do Filho do Homem e não beberdes seu sangue, não tereis a vida em vós." Segundo João, que as relata, tais palavras assustaram tanto os discípulos que muitos fugiram para nunca mais voltar (6,48-66).

Em 1926, A.N. Whitehead deplorava "a falta de separação nítida entre o cristianismo e os grosseiros caprichos das velhas religiões tribais" (*"Christianity lacks a clear-cut separation form the crude fancies of the older tribal religions"*).

O teólogo protestante Rudolf Bultmann dizia abertamente que o relato evangélico assemelha-se demais a todos os mitos de morte e ressurreição para não ser um deles. Apesar de tudo, via-se como um crente, decididamente ligado a um cristianismo puramente "existencial", liberado de tudo que o homem moderno considera inacreditável "na época do automóvel e da eletricidade".

Para extrair da gangue mitológica sua abstração de quinta-essência cristã, Bultmann praticava uma operação cirúrgica batizada de *Entmythologisterung,* ou demitização, extirpando impiedosamente de seu credo tudo que lembrasse a mitologia. Considerava que essa operação era objetiva, imparcial, rigorosa. Na verdade, conferia não somente aos automóveis e à eletricidade, mas à mitologia, um verdadeiro direito de veto sobre a revelação cristã.

Nos Evangelhos, o que mais relembra os mortos e as reaparições mitológicas das vítimas únicas é a Paixão e a Ressurreição de Jesus Cristo. Poder-se-ia desmitizar a manhã de Páscoa sem aniquilar o cristianismo? Segundo são Paulo, isso não é possível: "E, se Cristo não ressuscitou, ele dizia, vazia também é a vossa fé..." (I Coríntios 15, 17).

* * *

Apesar de seu ardor, o comparatismo dos velhos etnólogos nunca ultrapassou o estágio impressionista. Por razões tanto de moda intelectual quanto de oportunismo político, nossa época pós-colonial substituiu a busca frenética de semelhanças por uma glorificação, não menos frenética, das diferenças. Essa mudança parece considerável, mas na realidade não apresenta a menor importância.

Dos milhares de talos de grama num prado, podemos dizer ou que são todos semelhantes, ou que são todos diferentes. As duas fórmulas são equivalentes.[*]

No fundo, o "pluralismo", o "multiculturalismo" e as outras variações recentes sobre o relativismo moderno estão de acordo com os velhos etnólogos comparatistas, mas

---

[*] Sobre as relações entre as teses do presente ensaio e o "diferencialismo" contemporâneo, ver Andrew McKenna, *Violence and Difference*. Illinois: University of Illinois Press, 1992.

tornam inúteis as negações brutais do passado. Podemos nos entusiasmar facilmente com a "originalidade" e a "criatividade" de todas as culturas e de todas as religiões.

Hoje, tanto quanto ontem, a maioria de nossos contemporâneos percebe a assimilação do cristianismo a um mito como uma evolução irresistível e irrevogável, pois ela se afirma o único tipo de saber que nosso mundo ainda respeita, a ciência. Acredita-se que, embora a natureza mítica dos Evangelhos ainda não tenha sido demonstrada ci-en-ti-fi-ca--men-te, mais dia menos dia isso ocorrerá.

Pode-se realmente afirmar tudo isso com certeza?

Não apenas isso não é certo, como é certo que isso não pode ser afirmado. A assimilação dos textos bíblicos e cristãos a mitos é um erro fácil de ser refutado. O caráter irredutível da diferença judaico-cristã pode ser demonstrado e é essa demonstração que constitui o essencial do presente livro.

Todos protestam ao ouvir a palavra "demonstração", os cristãos mais rapidamente que os ateus. Eles afirmam que de modo algum os princípios da fé poderiam ser objeto de demonstração.

Mas quem está falando aqui de fé religiosa? O objeto de minha demonstração nada tem a ver com os princípios da fé cristã, pelo menos de modo direto. Meu raciocínio refere-se a dados puramente humanos, vincula-se à antropologia da religião, e não à teologia. Repousa sobre o simples bom senso, e só utiliza evidências manifestas.

Para começar, é preciso fazer as pazes se não com o velho método comparativo, ao menos com a ideia de comparação. Os fracassos passados provaram a impotência não do princípio comparatista, mas do uso em mão única que dele fizeram os velhos etnólogos antirreligiosos na virada dos séculos XIX e XX.

Devido à sua hostilidade ao cristianismo, esses pesquisadores apoiaram-se exclusivamente nos mitos. Trataram os mitos como objetos conhecidos, aos quais tentaram reduzir os Evangelhos, supostamente desconhecidos, pelo menos por aqueles que os consideram verdadeiros. Afirmava-se que, se os crentes tivessem feito um uso correto de sua razão, teriam reconhecido a natureza mítica de sua crença.

Esse método pressupunha um domínio da mitologia que, na realidade, esses etnólogos não possuíam. Eles eram incapazes de definir com precisão o que entendiam por mítico.

Para não recair nesse impasse, é preciso inverter o procedimento, e partir da Bíblia e dos Evangelhos. Trata-se não de favorecer a tradição judaico-cristã e de considerar demonstrada de antemão sua singularidade, mas, ao contrário, para começar, de tornar mais precisas as semelhanças entre, de um lado, o mito, e, de outro, a Bíblia judaica e o Evangelho.

Por meio de uma série de análises que se referem em primeiro lugar a textos do Antigo e do Novo Testamentos, na primeira parte do presente ensaio (capítulos I-III) — em seguida, na segunda parte (capítulos IV-VIII), tratarei dos mitos —, tento mostrar que, por trás de todas as aproximações e comparações há algo de sólido, existe uma realidade extratextual. Existe um "referente", como dizem os linguistas, e é sempre quase o mesmo: o mesmo processo coletivo, um fenômeno de massa específico, uma onda de violência mimética, unânime, que deve se produzir nas comunidades arcaicas no paroxismo de certo tipo de crise social. Se for realmente unânime, essa violência sempre colocará fim à crise que a precede, reconciliando a comunidade contra uma vítima única, não pertinente, o tipo de vítima que costumamos chamar de "bode expiatório".

Ao invés de minimizar as semelhanças entre, de um lado, os mitos e, de outro, o caráter judaico-cristão, mostro que elas são ainda mais espetaculares do que poderiam supor os velhos etnólogos. A violência central dos mitos arcaicos é muito análoga à que encontramos em numerosos relatos bíblicos e também, em especial, na Paixão de Cristo.

Em geral, é uma espécie de linchamento espontâneo que acontece nos mitos, e ele teria, sem dúvida, se reproduzido contra Cristo, sob a forma de lapidação, se Pilatos, a fim de evitar a ameaça de revolta popular, não tivesse ordenado a crucificação "legal" de Jesus.

Penso que em todas as violências míticas e bíblicas devemos enxergar acontecimentos reais, cuja recorrência, em todas as culturas, está ligada à universalidade de certo tipo de conflito entre os homens, as rivalidades miméticas, que Jesus chama de *escândalos*.

Acredito que nas comunidades arcaicas essa sequência de fenômenos, esse ciclo mimético, reproduz-se incessantemente, num ritmo mais ou menos rápido. Para identificá-la, os Evangelhos são indispensáveis, pois somente neles esse ciclo é descrito de modo inteligível, e sua natureza é explicada.

Infelizmente, nem os sociólogos, que se afastam de maneira sistemática dos Evangelhos nem, paradoxalmente, os teólogos, sempre predispostos em favor de alguma visão filosófica qualquer do homem, têm o espírito suficientemente livre para supor a importância antropológica do processo descrito pelos Evangelhos: o arrebatamento mimético contra uma vítima única.

Apenas o anticristianismo reconheceu até agora que o processo presente em inúmeros mitos também se produz na crucificação de Jesus. O anticristianismo encontrava aí um argumento em favor de sua tese. Na realidade, em vez de confirmar a concepção mítica do cristianismo, esse dado comum, essa ação comum, uma vez compreendida, permite revelar a divergência crucial ainda não identificada (a não ser parcialmente por Nietzsche) entre os mitos e o cristianismo.

Longe de ser mais ou menos equivalentes, como necessariamente somos levados a pensar a partir das semelhanças referentes ao próprio acontecimento, os relatos bíblicos e evangélicos distinguem-se dos relatos míticos de modo tão radical e decisivo quanto possível.

Os relatos míticos representam as vítimas da violência coletiva como culpadas. Eles são absolutamente falsos, ilusórios, mentirosos. Os relatos bíblicos e evangélicos representam essas mesmas vítimas como inocentes. São essencialmente exatos, confiáveis, verídicos.

De modo geral, os relatos míticos são indecifráveis se tomados de uma maneira direta, fantásticos demais para serem legíveis. As comunidades que os elaboram não podem senão transfigurá-los: são enganadas de forma unânime por um contágio violento, por um arrebatamento mimético que as convence da culpa de seu bode expiatório e, por essa razão, reconcilia-as contra ele. É essa reconciliação que leva, num segundo momento, à divinização da vítima, percebida como responsável pela paz finalmente reencontrada.

É porque as comunidades míticas não compreendem o que lhes acontece que seus relatos parecem indecifráveis. De fato, os etnólogos nunca conseguiram decifrá-los, pois nunca identificaram a ilusão suscitada pela unanimidade violenta, por nunca terem percebido, para começar, o fenômeno de massa por detrás da violência mítica.

Apenas os textos bíblicos e evangélicos permitem superar essa ilusão, porque seus autores a superaram. Eles fornecem, para fenômenos de massa bastante análogos aos dos mitos, tanto na Bíblia hebraica quanto na Paixão, representações exatas quanto ao essencial. Inicialmente seduzidos e enganados pelo contágio mimético, como os autores dos mitos, os autores bíblicos e evangélicos *finalmente perceberam o erro*. Essa experiência única tornou-os capazes de identificar, por trás do contágio mimético que os enganou, com o resto da massa, a inocência da vítima.

Para que tudo isso se torne manifesto, basta comparar com atenção um mito como o de Édipo a um relato bíblico como a história de José (capítulo IX) ou os relatos da Paixão (capítulo X).

Mas para se fazer um uso realmente eficaz dos Evangelhos, é preciso ter o olhar livre dos preconceitos modernos contra certas noções evangélicas, injustamente desvalorizadas e desacreditadas pela crítica com pretensões científicas, em particular a noção de Satanás nos Evangelhos sinóticos, *ou seja*, o diabo no Evangelho de João. Esse personagem desempenha no pensamento cristão sobre os conflitos e a gênese das divindades mitológicas um papel capital, ao qual a identificação do mimetismo violento permite fazer justiça.

Os mitos invertem sistematicamente a verdade. Eles inocentam os perseguidores e condenam as vítimas. São sempre enganosos, pois eles próprios estão enganados, e diferentemente dos discípulos de Emaús após a Ressurreição, nada nem *ninguém* vem esclarecê-los.

Representar a violência coletiva de modo exato, como fazem os Evangelhos, significa recusar-lhe o valor religioso positivo que os mitos lhe atribuem, significa contemplá-la em seu horror puramente humano, moralmente culpado, significa libertar-se da ilusão mítica que transforma a violência em ação louvável, sagrada, porque útil à comunidade, ou a esvazia completamente, como faz, hoje, a pesquisa científica sobre a mitologia.

A singularidade e a verdade que a tradição judaico-cristã reivindica são perfeitamente reais, até mesmo evidentes, *sob o aspecto antropológico*. Para apreciar a força da tese, ou sua fraqueza, a presente introdução não é suficiente, sendo preciso ler toda a demonstração. É na terceira e última parte deste livro (capítulos IX-XIV) que a singularidade absoluta do cristianismo, não apesar, mas por causa de sua simetria perfeita com a mitologia, é plenamente confirmada. Enquanto a divindade dos heróis míticos resulta da ocultação violenta da violência, aquela atribuída a Cristo enraíza-se na potência reveladora de suas palavras e em especial em sua morte livremente consentida, tornando manifesta não somente sua própria inocência, mas a de todos os "bodes expiatórios" do mesmo tipo.

★ ★ ★

Como vemos, minha análise não é religiosa, mas desemboca na religião. Se ela for exata, suas consequências religiosas são incalculáveis.

Em última análise, o presente livro constitui o que antigamente chamava-se de uma *apologia* do cristianismo. Longe de dissimular tal aspecto, eu o reivindico sem qualquer hesitação. Essa defesa "antropológica" do cristianismo certamente nada tem a ver com as velhas "provas da existência de Deus", com o "argumento ontológico" ou com o *frisson* "existencial" que sacudiu brevemente a inércia espiritual do século XX. Todas essas coisas são excelentes em sua hora e lugar, mas, de um ponto de vista cristão, apresentam o inconveniente maior de não ter qualquer relação com a Cruz: elas são mais deístas do que especificamente cristãs.

Se a Cruz desmistifica qualquer mitologia de modo mais eficaz que os automóveis e a eletricidade de Bultmann, se ela nos liberta de ilusões que se prolongam indefinidamente em nossas filosofias e nossas ciências sociais, não podemos mais dispensá-la. Longe de estar para sempre fora de moda e ultrapassada, a religião da Cruz, em sua integralidade, é a pérola inestimável cuja aquisição justifica mais que nunca o sacrifício de tudo o que possuímos.

Primeira parte
O SABER BÍBLICO SOBRE A VIOLÊNCIA

I

É PRECISO QUE O ESCÂNDALO ACONTEÇA

UM EXAME ATENTO mostra que na Bíblia e nos Evangelhos existe uma concepção original e ignorada do desejo e seus conflitos. Para apreender sua antiguidade podemos remontar ao relato da Queda no Gênesis,* ou à segunda metade do Decálogo, inteiramente consagrada à proibição da violência contra o próximo.

O sexto, sétimo, oitavo e nono mandamentos são tão simples quanto breves. Eles proíbem as violências mais graves por ordem de gravidade:

Não matarás.
Não cometerás adultério.
Não roubarás.
Não levantarás falso testemunho contra o próximo.

O décimo e último mandamento diferencia-se nitidamente dos que o precedem, seja por seu tamanho, seja por seu objeto: em vez de proibir uma *ação*, ele proíbe um *desejo*:

---

* R. Schwagger, *Brauchen wir einen Sündenbock*. Munique: Kösel, 1978, p. 89; Jean Michel Oughourlian, *Un mime nommé désir*. Paris: Grasset, 1982, p. 38-44.

Não cobiçarás a casa do teu próximo, não desejarás a sua mulher, nem o seu escravo, nem a sua escrava, nem o seu boi, nem o seu jumento, nem coisa alguma que pertença a teu próximo.

(Ex 20,17)

Apesar de não serem realmente enganosas, as traduções modernas lançam os leitores numa falsa pista. O verbo "cobiçar" sugere tratar-se aqui de um desejo fora do comum, um desejo perverso reservado aos pecadores empedernidos. Mas o termo hebreu traduzido por "cobiçar" significa simplesmente "desejar". É ele que designa o desejo de Eva pelo fruto proibido, o desejo do pecado original. A ideia de que o Decálogo consagraria seu mandamento supremo, o mais longo de todos, à proibição de um desejo marginal, reservado a uma minoria, não é muito verossímil. O décimo mandamento deve tratar do desejo de todos os homens, do próprio desejo.

Se o Decálogo proíbe o desejo mais frequente, será que não mereceria a censura que é dirigida de forma quase unânime pelo mundo moderno às proibições religiosas? O décimo mandamento não sucumbiria à tentação gratuita de proibir, a esse o ódio irracional pela liberdade que os pensadores modernos condenam na religião em geral e na tradição judaico-cristã em particular?

Antes de condenarmos as proibições como "inutilmente repressivas", antes de repetirmos, extasiados, a fórmula que se tornou famosa pelos "acontecimentos de maio de 68" ("é proibido proibir"), convém nos interrogarmos sobre as implicações do desejo definido no décimo mandamento, o desejo dos bens do próximo. Se esse desejo é o mais comum de todos, o que aconteceria se, ao invés de ser proibido, fosse tolerado e mesmo encorajado?

A guerra seria perpétua no seio de todos os grupos humanos, de todos os subgrupos, de todas as famílias. A porta estaria escancarada para o famoso pesadelo de Thomas Hobbes, *a luta de todos contra todos*.

Para pensar que as proibições culturais são inúteis, como repetem sem muita reflexão os demagogos da "modernidade", é preciso aderir ao individualismo mais extremo, aquele que pressupõe a autonomia total dos indivíduos, ou seja, *a autonomia de seus desejos*. Em outros termos, é preciso pensar que os homens tendem naturalmente a *não* desejar os bens do próximo.

Basta observar duas crianças ou dois adultos disputando algo de pouco valor para compreender que esse postulado é falso. É o postulado oposto, o único realista, que se encontra subentendido pelo décimo mandamento do Decálogo.

Se os indivíduos tendem naturalmente a desejar o que seus próximos possuem, ou mesmo aquilo que eles simplesmente desejam, então existe no interior dos grupos humanos uma tendência muito forte para os conflitos originários de rivalidades. Sem uma força de contrapeso, tal tendência ameaçaria permanentemente a harmonia e até a sobrevivência de todas as comunidades.

Os desejos rivalitários são ainda mais temíveis por tenderem a se reforçar reciprocamente. É o princípio da escalada, da progressão ascendente que dirige tal tipo de conflito. Esse é um fenômeno tão banal, tão conhecido nosso, tão contrário à ideia que fazemos de nós próprios, e por conseguinte tão humilhante, que preferimos afastá-lo de nossa consciência e fingir que ele não existe, mesmo sabendo que isso não é verdade. Essa indiferença com relação ao real é um luxo que as pequenas sociedades arcaicas não podiam se oferecer.

O legislador que proíbe o desejo dos bens do próximo está tentando resolver o problema número um de qualquer comunidade humana: a violência interna.

★ ★ ★

Ao lermos o décimo mandamento, temos a impressão de assistir ao processo intelectual de sua elaboração. Para impedir que os homens lutem entre si, o legislador busca, em primeiro lugar, proibir-lhes todos os objetos que eles incessantemente disputam, e decide elaborar sua lista. No entanto, logo percebe que esses objetos são excessivamente numerosos e que sua enumeração é impossível. Assim, interrompe o procedimento, renuncia a colocar a ênfase nos objetos, sempre mutantes, e volta-se para aquilo, ou melhor, para aquele que está sempre presente: o próximo, o vizinho, aquele cujos bens é claro que todos nós desejamos.

Se os objetos que desejamos sempre pertencem ao próximo, é o próximo, evidentemente, que os torna desejáveis. Em consequência, na formulação da proibição, o próximo deve suplantar os objetos, e efetivamente ele os suplanta, na última parte da frase, que proíbe não mais objetos enumerados um a um, mas *tudo* que pertence ao próximo.

O que o décimo mandamento esboça, sem definir explicitamente, é uma "revolução copernicana" na compreensão do desejo. Acreditamos que o desejo seja objetivo ou subjetivo, mas na realidade ele repousa sobre um outro que valoriza os objetos, o terceiro mais próximo, o próximo. Para manter a paz entre os homens, é preciso definir a proibição em função dessa temível constatação: o próximo é o modelo de nossos desejos. É isso que chamo de desejo mimético.

* * *

Nem sempre o desejo mimético é conflituoso, mas com frequência é, e isso por razões que o décimo mandamento torna evidentes. O objeto que desejo a exemplo de meu próximo será exatamente aquele que o próximo, por sua vez, desejará conservar, reservar para uso próprio, não permitindo que ninguém o prive dele sem luta. Meu desejo será contrariado, mas em vez de resignar-se e deslocar-se para outro objeto, em 90% das vezes irá emperrar, fortalecer-se, imitando mais do que nunca o desejo de seu modelo.

A oposição exaspera o desejo, principalmente quando provém daquele ou daquela que inspira esse desejo. Se de início ela não provém dele, logo irá provir, pois se a imitação do desejo próximo gera a rivalidade, a rivalidade, em contrapartida, gera a imitação.

O surgimento de um rival parece confirmar o fato de que o desejo é bem-fundado, o valor imenso do objeto desejado. A imitação é reforçada no interior mesmo da hostilidade, mas os rivais fazem de tudo para esconder do outro e esconder de si próprios a causa desse reforço.

A recíproca é verdadeira. Imitando seu desejo, dou a meu rival a impressão de que ele possui boas razões de desejar o que deseja, de possuir o que possui, redobrando a intensidade de seu desejo.

Em geral, a posse tranquila enfraquece o desejo. Dando a meu modelo um rival, de algum modo eu lhe restituo o desejo que ele me empresta. Forneço um modelo a meu próprio modelo, e o espetáculo de meu desejo reforça o seu no momento preciso em que, opondo-se a mim, ele reforça o meu. Por exemplo, esse homem cuja mulher eu desejo, talvez tivesse deixado, com o tempo, de desejá-la. Seu desejo estava morto, e em contato com o meu, que está vivo, ele retorna à vida...

A natureza mimética do desejo revela o mau funcionamento habitual das relações humanas. Nossas ciências sociais deveriam levar em conta esse fenômeno, que sem dúvida merece ser qualificado de *normal*; mas elas se obstinam em ver na discórdia algo de acidental, e em consequência tão imprevisível que se torna impossível levá-la em conta no estudo da cultura.

Não apenas estamos cegos para as rivalidades miméticas em nosso mundo, mas cada vez que celebramos o poder de nossos desejos, nós os glorificamos. Felicitamos a nós mesmos por carregarmos um desejo que tem "a expansão das coisas infinitas", mas não vemos o que esse infinito dissimula: a idolatria do próximo, que é necessariamente associada à idolatria de nós mesmos, mas que se conjuga mal com esta última.

Os conflitos inextricáveis que resultam de nossa dupla idolatria são a principal fonte da violência humana. Estamos tão mais destinados a dirigir a nosso próximo uma adoração que se transforma em ódio que buscamos mais desesperadamente adorar a nós mesmos, que nos cremos mais "individualistas". É para cortar tudo isso pela raiz que o Levítico contém o famoso mandamento: "Amarás teu próximo *como a ti mesmo*", ou seja, tu não o amarás nem mais nem menos que a ti próprio.

A rivalidade dos desejos tende não somente a se exasperar, mas fazê-lo se difunde nos arredores, transmitindo-se a terceiros tão ávidos quanto nós próprios de falsa infinitude.

A principal fonte da violência entre os homens é a rivalidade mimética. Ela não é acidental, mas tampouco é fruto de um "instinto de agressão" ou de uma "pulsão agressiva".

As rivalidades miméticas podem se tornar tão intensas que os rivais chegam a se injuriar reciprocamente, roubam as posses um do outro, corrompem as respectivas esposas e, finalmente, não recuam nem mesmo diante do assassinato.

Como o leitor deve ter notado, acabei de mencionar novamente, dessa vez na ordem inversa do Decálogo, as quatro violências maiores proibidas pelos quatro mandamentos que precedem o décimo, aqueles já citados no início deste capítulo.

Se o Decálogo consagra seu último mandamento à proibição do desejo dos bens do próximo, é por reconhecer lucidamente nesse desejo o responsável pelas violências proibidas nos quatro mandamentos que o precedem.

Se deixássemos de desejar os bens do próximo, nunca seríamos culpados nem de assassinato, nem de adultério, nem de roubo, nem de falso testemunho. Se o décimo mandamento fosse respeitado, tornaria supérfluos os quatro mandamentos que o precedem.

Ao invés de começar pela causa e de prosseguir com as consequências, como faria uma exposição filosófica, o Decálogo segue a ordem inversa. Ele se ocupa primeiramente do mais urgente: para afastar a violência, proíbe as ações violentas. Em seguida ele se volta para a causa e descobre o desejo inspirado pelo próximo. Portanto, é isso que ele proíbe, mas ele só pode proibi-lo na medida em que os objetos desejados sejam legalmente possuídos por um dos dois rivais. Ele não pode desestimular *todas* as rivalidades de desejo.

* * *

Se examinarmos as proibições das sociedades arcaicas à luz do décimo mandamento, iremos constatar que, embora não sejam tão lúcidas quanto este último, também elas tentam proibir o desejo mimético e suas rivalidades.

As proibições aparentemente mais arbitrárias não são fruto nem de uma "neurose" qualquer nem do ressentimento de velhos ranzinzas cuja única preocupação seria impedir o divertimento dos jovens. Em seu princípio, as proibições nada têm de caprichoso ou mesquinho, repousando numa intuição semelhante à do Decálogo, mas sujeita a todo tipo de confusões.

Muitas leis arcaicas, especialmente na África, fazem matar todos os gêmeos que nascem na comunidade, ou apenas um só gêmeo de cada par. Sem dúvida, essa regra é absurda, mas não prova de modo algum "a verdade do relativismo cultural". As culturas que não toleram os gêmeos confundem sua semelhança natural, de ordem biológica, com os efeitos "indiferenciadores" das rivalidades miméticas. Quanto mais essas rivalidades exasperam-se, mais os papéis de modelo, de obstáculo e de imitador tornam-se intercambiáveis no interior da oposição mimética.

Em suma, à medida que seu antagonismo inflama-se, os antagonistas passam, paradoxalmente, a se assemelhar cada vez mais. Eles se opõem tão mais implacavelmente quanto mais sua oposição esmaece as diferenças reais que antes os separavam. Os sentimentos de inveja, de ciúmes e de ódio uniformizam aqueles que colocam em oposição, mas em nosso mundo há uma recusa de se pensar nessas paixões em função das semelhanças e das identidades incessantemente geradas por elas. Só se dá ouvidos à celebração enganosa das diferenças, cada vez mais florescente em nossas sociedades, não porque as diferenças reais estejam crescendo, mas por estarem desaparecendo.

★ ★ ★

A revolução anunciada e preparada pelo décimo mandamento expande-se nos Evangelhos. Se Jesus nunca fala em termos de proibições e sempre em termos de modelos e de imitação, é por levar ao extremo a lição do décimo mandamento. Não é por narcisismo que ele recomenda que o imitemos, mas para nos afastar das rivalidades miméticas.

Exatamente a que a imitação de Jesus Cristo deve se referir? Não aos seus modos de ser ou seus hábitos pessoais: nunca se trata disso nos Evangelhos. Jesus tampouco propõe uma regra de vida ascética no sentido de Thomas de Kempis e de sua célebre *Imitação de Cristo*, por mais admirável que essa obra seja. O que Jesus nos convida a imitar é seu próprio *desejo*, é o impulso que o conduz à meta que ele mesmo se fixou: assemelhar-se ao máximo a Deus Pai.

O convite para imitar o desejo de Jesus pode parecer paradoxal, pois Jesus não pretende possuir desejo próprio, um desejo "propriamente seu". Contrariamente ao que nós mesmos pretendemos, ele não pretende "ser ele mesmo", ele não se vangloria de "só obedecer a seu próprio desejo". Seu objetivo é tornar-se a *imagem* perfeita de Deus. Assim, ele consagra todas suas forças para imitar esse Pai. Convidando-nos a imitá-lo, ele convida-nos a imitar sua própria imitação.

Longe de ser paradoxal, esse convite é mais razoável que o de nossos modernos gurus. Estes nos convidam a fazer o contrário do que eles próprios fazem, ou pelo menos afirmam fazer. Cada um deles pede a seus discípulos que imitem nele o grande homem que não imita ninguém. Jesus, ao contrário, convida-nos a fazer aquilo que ele próprio faz, tornando-nos, como ele, um imitador de Deus Pai.

Por que Jesus considera o Pai e a si próprio como os melhores modelos para todos os homens? Porque nem o Pai nem o Filho desejam avidamente, egoisticamente. Deus "faz o sol levantar-se sobre os bons e sobre os maus". Dá aos homens sem contar, sem marcar entre eles a menor diferença. Deixa as más ervas crescerem junto com as boas até o tempo da colheita. Se imitarmos o desapego divino, nunca a armadilha das rivalidades miméticas irá se fechar sobre nós. É por isso que Jesus diz: "Peçam e lhes será concedido..."

Quando Jesus declara que, longe de abolir a Lei, ele a cumpre, está formulando uma consequência lógica de seu ensinamento. O objetivo da Lei é a paz entre os homens. Jesus nunca despreza a Lei, mesmo quando ela assume a forma das proibições. Diferentemente dos autores modernos, ele sabe muito bem que, para impedir os conflitos, é preciso começar com as proibições.

No entanto, o inconveniente das proibições é que elas não cumprem seu papel de forma satisfatória. Como são Paulo viu claramente, seu caráter predominantemente negativo estimula necessariamente em nós a tendência mimética à transgressão. A melhor maneira de prevenir a violência consiste não em proibir objetos, ou mesmo o desejo rivalitário, como faz o décimo mandamento, mas em fornecer aos homens o modelo que, ao invés de arrastá-los para as rivalidades miméticas, irá protegê-los delas.

Pensamos muitas vezes imitar o verdadeiro Deus e na verdade estamos imitando falsos modelos de autonomia e de invulnerabilidade. Em vez de nos tornarmos autônomos e invulneráveis, estaremos, desse modo, lançando-nos a inexpiáveis rivalidades. O que a nossos olhos diviniza tais modelos é seu triunfo em rivalidades miméticas cuja insignificância é dissimulada por sua violência.

O mandamento que prega que imitemos Jesus não surge num universo isento de imitação, mas dirige-se a seres eivados de mimetismo. Os não cristãos imaginam que, para se converter, deverão renunciar a uma autonomia que todos os homens possuem naturalmente, uma autonomia da qual Jesus desejaria privá-los. Na realidade, quando imitamos Jesus, descobrimos que desde sempre somos imitadores. Nossa aspiração à autonomia faz com que ajoelhemos diante de seres que, mesmo não sendo piores que nós, não deixam de ser maus modelos, pelo fato de que é impossível imitá-los sem cair com eles na armadilha das rivalidades inextricáveis.

A autonomia que sempre acreditamos estar prestes a conquistar, imitando nossos modelos de poder e de prestígio, é apenas o reflexo das ilusões projetadas pela nossa admiração por eles, tão menos consciente de seu mimetismo quanto mais mimética for. Quanto mais formos "orgulhosos" e "egoístas", mais estaremos à mercê dos modelos que nos esmagam.

* * *

Embora o mimetismo do desejo humano seja o grande responsável pelas violências que nos abatem, não se deve concluir daí que o desejo mimético seja algo ruim. Se nossos desejos não fossem miméticos, ficariam fixados para sempre em objetos predeterminados, constituindo uma forma particular de instinto. Os homens não poderiam mudar de desejo mais do que as vacas em um pasto. Sem desejo mimético, não haveria nem liberdade, nem humanidade. O desejo mimético é intrinsecamente bom.

O homem é a criatura que perdeu parte de seu instinto animal para ter acesso ao que chamamos de desejo. Uma vez que suas necessidades naturais tenham sido satisfeitas, os homens desejam intensamente, mas não sabem exatamente o quê, pois nenhum instinto os guia. Eles não possuem desejo próprio. O próprio do desejo é não ser próprio. Para desejar verdadeiramente, temos de recorrer aos homens que nos rodeiam, temos de tomar emprestados seus desejos.

Com frequência, esse empréstimo é realizado sem que aquele que emprestou ou aquele que tomou emprestado percebam isso. Não é apenas o desejo que pegamos emprestado daqueles que tomamos como modelos, mas inúmeros comportamentos, atitudes, saberes, preconceitos, preferências etc., em meio aos quais o empréstimo com consequências mais pesadas, o desejo, passa muitas vezes despercebido.

A única cultura realmente nossa não é aquela em que nascemos, mas a cultura cujos modelos imitamos na idade em que nosso poder de assimilação mimético é máximo. Se seu desejo não fosse mimético, se as crianças não escolhessem necessariamente como modelos os seres humanos ao seu redor, a humanidade não teria nem linguagem nem cultura. Se o desejo não fosse mimético, não seríamos abertos nem ao humano nem ao divino. É nesse último domínio, necessariamente, que nossa incerteza é maior, e nossa necessidade de modelos mais intensa.

O desejo mimético nos faz escapar da animalidade. Ele é responsável pelo melhor e o pior em nós, tanto por aquilo que nos coloca abaixo do animal quanto por aquilo que nos eleva acima dele. Nossas intermináveis discórdias são o preço de resgate de nossa liberdade.

★ ★ ★

Vocês irão objetar: se a *rivalidade mimética* desempenha um papel essencial nos Evangelhos, por que Jesus não nos adverte contra ela? Na verdade, ele nos adverte, mas nós não sabemos disso. Quando aquilo que ele diz opõe-se a nossas ilusões, nós não o escutamos.

As palavras que designam a rivalidade mimética e suas consequências são o substantivo *skandalon* e o verbo *skandalizein*. Nos Evangelhos sinóticos, Jesus consagra ao escândalo um ensinamento notável, tanto por sua extensão quanto por sua intensidade.

Como o termo hebreu que ele traduz, "escândalo" significa não um desses obstáculos ordinários que podem ser facilmente evitáveis depois de nos termos chocado contra ele uma primeira vez, mas um obstáculo paradoxal quase impossível de se evitar: de fato, quanto mais nos repele, mais o escândalo nos atrai. Quanto mais tenha se ferido no passado, mais vigorosamente o escandalizado irá se lançar outra vez contra ele.

Para compreender este estranho fenômeno, basta reconhecer nele o que acabei de descrever, o comportamento dos rivais miméticos que, proibindo um ao outro o objeto que cobiçam, reforçam cada vez mais seu duplo desejo. Colocando-se sistematicamente no contrapé um do outro para escapar à sua inexorável rivalidade, eles sempre voltam a chocar-se contra o obstáculo fascinante que, de agora em diante, um representa para o outro.

Os escândalos não se diferenciam do falso infinito da rivalidade mimética. Eles secretam em quantidades crescentes a inveja, o ciúme, o ressentimento, o ódio, todas as toxinas mais nocivas, não apenas para os protagonistas, mas para todos que se deixam fascinar pela intensidade dos desejos de rivalidade.

Na onda crescente dos escândalos, cada represália evoca uma nova, mais violenta que a precedente. Se nada vier estancá-la, a espiral irá necessariamente desembocar nas vinganças em série, fusão perfeita de violência e de mimetismo.

A palavra grega *skadalizein* vem de um verbo que significa "mancar". Ao que se assemelha um manco? A um indivíduo que seguiria, como sua própria sombra, um obstáculo invisível no qual incessantemente ele vem tropeçar.

"Infeliz daquele por quem o escândalo chega!" Jesus reserva sua advertência mais solene aos adultos que arrastam as crianças à infernal prisão do escândalo. Quanto mais a imitação for inocente e confiante, com mais facilidade ela se escandaliza, e maior é a culpa em se abusar disso.

Os escândalos são tão temíveis que, para nos advertir contra eles, Jesus recorre a um estilo hiperbólico que não lhe é habitual: "Se tua mão ou teu pé te escandalizam, corta-os...; se teu olho te escandaliza, arranca-o." (Mateus 18, 8-9).

Os freudianos dão uma interpretação puramente sintomática da palavra escândalo. Seu preconceito hostil impede-os de reconhecer nessa ideia a definição autêntica daquilo que eles chamam de "compulsão de repetição".

Para tornar a Bíblia psicanaliticamente correta, os tradutores recentes, aparentemente mais intimidados por Freud do que pelo Espírito Santo, buscam eliminar todos os termos censurados pelo dogmatismo contemporâneo. Por exemplo, substituem por eufemismos enfadonhos o admirável "pedra de tropeço" de nossas Bíblias antigas, a única tradução que capta a dimensão repetitiva e "aditiva" dos escândalos.

Jesus não se surpreenderia ao ver seu ensinamento ignorado, pois não tem qualquer ilusão sobre a recepção de sua mensagem. À glória que vem de Deus, invisível neste baixo mundo, a maioria prefere a glória que vem dos homens, aquela que multiplica os escândalos à sua passagem. Ela consiste no triunfo em rivalidades miméticas frequentemente organizadas pelos poderes deste mundo: militares, políticos, econômicos, esportivos, sexuais, artísticos, intelectuais... e mesmo religiosos.

A frase "É necessário que o escândalo aconteça" nada tem a ver nem com a fatalidade antiga nem com o "determinismo científico". Tomados individualmente, os homens não são por obrigação dedicados às rivalidades miméticas, mas em razão do grande número de indivíduos que as compõem, as comunidades não conseguem escapar delas. Assim que o primeiro escândalo acontece, ele gera outros, e o resultado são *crises miméticas* que não param de se espalhar e se agravar.

II
O CICLO DE VIOLÊNCIA MIMÉTICA

AINDA FAVORÁVEL A Jesus no momento de sua entrada em Jerusalém, a multidão volta-se subitamente contra ele e sua hostilidade torna-se tão contagiosa que acaba se propagando aos mais diversos indivíduos. O que domina os relatos da Paixão, principalmente nos três primeiros Evangelhos, é a uniformidade das reações entre as testemunhas, é a onipotência do coletivo, ou, em outros termos, do mimético.

Nos Evangelhos, todos os temas conduzem à Paixão. Os escândalos desempenham um papel demasiadamente importante para escapar dessa lei de convergência para a crucificação. Deve existir uma relação entre essas duas formas de mimetismo violento, por mais estranhas uma à outra que pareçam ser à primeira vista.

Pedro é o exemplo mais espetacular de contágio mimético. Seu amor por Jesus não está em causa: ele é tão sincero quanto profundo. No entanto, assim que o apóstolo mergulha num ambiente hostil a Jesus, não consegue impedir-se de imitar sua hostilidade. Se o primeiro dos discípulos, a rocha sobre a qual a Igreja será fundada, sucumbe à pressão coletiva, como pensar que ao redor de Pedro a humanidade média irá resistir?

Para anunciar que Pedro irá negá-lo, Jesus refere-se expressamente ao papel do escândalo, ou seja, do mimetismo conflituoso, na existência do apóstolo. Os Evangelhos descrevem-no como a marionete de seu próprio mimetismo, incapaz de resistir às pressões sucessivas que são exercidas sobre ele a cada instante.

A meu ver, os que buscam as causas da tríplice negação unicamente no "temperamento" de Pedro, ou em sua "psicologia", estão longe do bom caminho. Eles não conseguem enxergar nada na cena que ultrapasse o indivíduo Pedro. Acreditando ser possível traçar um "retrato" do apóstolo, atribuem-lhe um "temperamento influenciável" ou, devido a outras fórmulas do mesmo tipo, destroem a exemplaridade do acontecimento, minimizando seu alcance.

Sucumbindo ao mimetismo que não poupa nenhuma das testemunhas da Paixão, Pedro não se distingue de seus semelhantes, no sentido em que toda explicação psicológica distinguiria aquele que toma por objeto.

A utilização desse tipo de explicação é menos inocente do que possa parecer. A recusa à interpretação mimética, a busca de causas puramente individuais para a queda de Pedro, equivale à demonstração, certamente inconsciente de que no lugar de Pedro teríamos reagido de modo diferente, não teríamos renegado Cristo.

É uma versão mais antiga dessa mesma manobra que Jesus censura aos fariseus, ao vê-los erguendo túmulos aos profetas que seus pais mataram. Com frequência, as demonstrações espetaculares de piedade pelas vítimas de nossos predecessores dissimulam uma vontade de nos justificarmos à sua custa: "Se tivéssemos vivido no tempo de nossos pais, dizem os fariseus, não nos teríamos juntado a eles para derramar o sangue dos profetas."

Os filhos repetem os crimes de seus pais precisamente porque acreditam ser moralmente superiores a eles. Essa falsa diferença já é a ilusão mimética do individualismo moderno, a resistência máxima à concepção mimética, repetitiva, das relações entre os homens, e é essa resistência, paradoxalmente, que realiza a repetição.

* * *

Pilatos também é dominado pelo mimetismo. Ele teria preferido poupar Jesus. Se os Evangelhos insistem nessa preferência, não é para sugerir que os romanos sejam superiores aos judeus, não é para distribuir notas boas e ruins entre os perseguidores de Jesus, mas para sublinhar o paradoxo do poder soberano que, de alguma forma, perde-se na multidão por medo de opor-se a ela, para tornar uma vez mais manifesta a onipotência do mimetismo.

O que motiva Pilatos, quando ele entrega Jesus, é o medo de uma revolta. Diz-se que ele demonstra "habilidade política". Sem dúvida, mas por que a habilidade política consiste quase sempre em abandonar-se ao mimetismo coletivo?

Até mesmo os dois ladrões crucificados ao lado de Jesus não constituem uma exceção ao mimetismo universal: eles também imitam a multidão, vociferando como ela. Os seres mais humilhados, mais massacrados, comportam-se da mesma maneira que os príncipes desse mundo. Eles uivam com os lobos. Quanto mais somos crucificados, mais desejamos participar da crucificação de alguém mais crucificado ainda.

Em suma, do ponto de vista antropológico, a Cruz é o momento em que os mil conflitos miméticos, os mil escândalos que se entrechocam violentamente durante a crise, entram de acordo contra o solitário Jesus. O mimetismo que divide, fragmenta e decompõe as comunidades é substituído por um mimetismo que reúne todos os escandalizados contra uma vítima única promovida ao papel de escândalo universal.

Os Evangelhos esforçam-se em vão por chamar a atenção para a prodigiosa força desse mimetismo, seja junto aos cristãos, seja junto a seus adversários. É sobre esse ponto, percebo agora, que a resistência às análises propostas por Raymond Schwager[*] e por mim mesmo é a mais forte. Em *The Joy of Being Wrong*,[**] James Alison qualifica de "transcendental" a antropologia mimética, e o que essa denominação sugere é a dificuldade em que todos nos encontramos de perceber algo que, no entanto, já é revelado pelos Evangelhos.

Deveríamos recusar essa antropologia mimética em nome de certa teologia? A mobilização da multidão contra Jesus deveria ser vista como obra de Deus Pai, que, como as divindades da *Ilíada*, teria colocado os homens contra seu Filho para cobrar antecipadamente por meio dele o resgate que eles não poderiam fornecer? Essa interpretação é contrária ao espírito e à letra dos Evangelhos.

Não há nada nos Evangelhos que sugira que Deus seja a causa da mobilização contra Jesus. Basta o mimetismo. Os responsáveis pela Paixão são os próprios homens, incapazes de resistir ao contágio violento que afeta a todos quando um arrebatamento mimético passa ao alcance, ou melhor,

---

[*] Raymond Schwager. *Braucher wir einen Sündenbock*. Munique: Kösel, 1978.

[**] James Alison. *The Joy Of Being Wrong*. Nova York: Crossroad, 1998.

quando eles passam ao alcance desse embalo. Não é preciso invocar o sobrenatural para explicar isso. A transformação do *todos contra todos* que despedaça as comunidades em um *todos contra um* que as reúne e reunifica não se limita unicamente ao caso de Jesus. Logo veremos outros exemplos.

* * *

Para entender como e por que o mimetismo que divide e fragmenta as comunidades transforma-se em um mimetismo que as mobiliza e reunifica contra uma vítima única, é preciso examinar o modo pelo qual os conflitos miméticos evoluem. Para além de certo limiar de frustração, os antagonistas não se contentam mais com os objetos que eles disputam. Mutuamente exasperados pelo obstáculo vivo, o escândalo, que agora cada qual constitui para o outro, os *duplos* miméticos esquecem o objeto de sua querela e voltam-se, furiosos, uns contra os outros. É contra o rival mimético que cada um deles irá agora se encarniçar.

Longe de destruir a reciprocidade das relações humanas, esse tipo de rivalidade torna-a mais perfeita que nunca, evidentemente no sentido das represálias, e não no das trocas pacíficas. Quanto mais os antagonistas desejam diferençar-se, mais se tornam idênticos. A identidade cumpre-se no ódio pelo idêntico. É esse momento paroxístico que é encarnado pelos gêmeos ou os irmãos inimigos da mitologia, como Rômulo e Remo. É isso que chamo de enfrentamento dos *duplos*.

Enquanto os antagonistas, no começo, ocupam posições fixas no interior de conflitos cuja estabilidade é garantida pelo próprio encarniçamento, quanto mais eles se obstinam, mais o jogo dos escândalos transforma-os em uma *multidão* de seres intercambiáveis. Nessa massa homogênea, os impulsos miméticos não encontram mais nenhum obstáculo e alastram-se a toda velocidade. Essa evolução favorece as mais estranhas reviravoltas, os mais inesperados reagrupamentos.

De início os escândalos parecem rígidos, imutavelmente fixados ao mesmo antagonista, como se os antagonistas estivessem para sempre separados uns dos outros pelo ódio recíproco, mas nos estágios avançados dessa evolução ocorrem substituições, trocas de antagonistas. Os escândalos tornam-se "oportunistas". Eles se deixam fascinar facilmente por outro escândalo cujo poder de atração mimética seja superior ao deles. Em suma, os escândalos desviam-se de seu adversário inicial, dos quais pareciam inseparáveis, para adotar o escândalo de seus vizinhos.

O que determina o poder de atração dos escândalos é o número e o prestígio daqueles que eles conseguem escandalizar. Os pequenos escândalos tendem a se fundir nos maiores, e estes, por sua vez, irão contaminar-se mutuamente, até que os mais fortes absorvam os mais fracos. Existe uma concorrência mimética dos escândalos, que continua até o momento em que o escândalo mais polarizador permanece como único em cena. Nesse momento, toda a comunidade é mobilizada contra um único e mesmo indivíduo.

Na Paixão, esse indivíduo é Jesus. Isso explica por que Jesus utiliza o vocabulário do escândalo para designar a si próprio enquanto vítima de todos e para designar todos os que se polarizam contra ele. Ele exclama: "Felizes aqueles para quem não sou causa de escândalo!" No decorrer de toda a história cristã, os próprios cristãos mostrarão tendência a escolher Jesus como escândalo substitutivo, uma tendência a se perder e a se fundir na multidão dos perseguidores. Em consequência, para são Paulo, a Cruz é o escândalo por excelência. Observemos que o simbolismo da cruz tradicional, o cruzamento de seus dois braços, torna visível a contradição interna do escândalo.

Os próprios discípulos não constituem exceção à lei comum. Quando Jesus torna-se escândalo universal, todos eles são influenciados, em diversos graus, pela hostilidade universal. Por essa razão, pouco antes da Paixão, Jesus dirige-lhes, no vocabulário do escândalo, uma especial advertência para preveni-los sobre as faltas que os esperam, talvez para amenizar seus remorsos, no momento em que compreenderem a covardia de seu mimetismo individual e coletivo: *"Todos vós sereis escandalizados por minha causa."*

Essa frase não significa simplesmente que os discípulos serão perturbados e afligidos pela Paixão. Quando Jesus diz alguma coisa que parece banal, é preciso desconfiar. Aqui, como em outros lugares, devemos atribuir à palavra "escândalo" sua significação forte, que é mimética. Jesus avisa a seus discípulos que eles sucumbirão mais ou menos ao contágio que se apodera da multidão, que todos participarão um tanto da Paixão, *do lado dos perseguidores.*

Os escândalos entre indivíduos são os pequenos riachos que se fundem nos grandes rios da violência coletiva. Pode-se então falar de um arrebatamento mimético, que reúne num feixe único, contra a mesma vítima, todos os escândalos anteriormente independentes uns dos outros. Como um enxame de abelhas em torno de sua rainha, todos os escândalos aglutinam-se contra a vítima única, e a seu redor.

A força que solda os escândalos uns aos outros é uma duplicação do mimetismo. A palavra *escândalo* dá impressão de ser aplicável a coisas muito diferentes, mas na realidade trata-se sempre dos diversos momentos de um único e mesmo processo mimético, ou desse processo em sua totalidade.

Quanto mais sufocantes se tornam os escândalos pessoais, mais a vontade de submergi-los num grande escândalo apodera-se dos escandalizados. Isso é facilmente observável nas paixões ditas políticas, ou no frenesi de escândalo que tomou conta do mundo hoje globalizado. Quando um escândalo muito sedutor passa por perto, os escandalizados são irresistivelmente tentados a se "aproveitar" dele e a gravitar a seu redor.

A condensação de todos os escândalos separados em um escândalo único é o paroxismo de um processo que começa com o desejo mimético e suas rivalidades. Multiplicando-se, estas suscitam uma crise mimética, a violência de *todos contra todos*, que acabaria por aniquilar a comunidade, caso, no final das contas, não se transformasse espontaneamente, automaticamente, em um *todos contra um,* graças ao qual é refeita a unidade da comunidade.

★ ★ ★

A vítima de um arrebatamento mimético é escolhida pelo próprio mimetismo, e ela *substitui* todas as outras vítimas que a multidão teria podido escolher se as coisas tivessem acontecido de forma diferente. As substituições realizam-se espontaneamente, invisivelmente, por meio do som e da fúria espalhados por toda parte. (No caso de Jesus, como veremos adiante, houve a interferência de outros fatores, que proíbem que vejamos nele uma vítima do acaso no sentido em que o são a maioria das vítimas do mesmo tipo.)

Pilatos é um administrador suficientemente experiente para compreender o papel das substituições na questão que é solicitado a resolver. Os Evangelhos, por sua vez, contêm essa compreensão e compartilham-na conosco no famoso episódio de Barrabás.

A preocupação romana com a legalidade sugere a Pilatos que não entregue Jesus, ou, em outros termos, que não ceda à multidão. Mas Pilatos também compreende que essa multidão não se acalmará sem uma vítima. É por isso que lhe oferece uma compensação, propondo-lhe a morte de Barrabás em troca de Jesus.

Do ponto de vista de Pilatos, Barrabás apresenta a vantagem de já estar legalmente condenado. Sua execução não irá constituir um desrespeito à legalidade. A principal preocupação de Pilatos não é impedir a morte de um inocente, mas limitar tanto quanto possível as desordens que ameaçariam prejudicar sua reputação de administrador nas altas esferas imperiais.

O fato de a multidão recusar Barrabás não significa de maneira alguma que o Evangelho acuse o povo judeu de sentir um ódio inexpiável por Jesus. Por muito tempo favorável a Jesus, depois hesitante, a multidão só demonstra uma hostilidade marcante no paroxismo da Paixão, e essa diversidade de atitudes é bastante característica das multidões miméticas. Uma vez que a unanimidade seja atingida, a multidão irá se encarniçar contra a vítima que emerge do processo e recusa-se a mudá-la. A hora das substituições passou, soou o momento da violência unânime. Foi isso que Pilatos compreendeu. Ao ver que a multidão recusa Barrabás, imediatamente lhe entrega Jesus.

* * *

Reconhecer que há algo de típico, e mesmo de banal, na crucificação, permite compreender um dos temas de Jesus: a semelhança entre sua morte e as perseguições de inúmeros profetas antes dele.

Até hoje, muitos pensam que, se os Evangelhos aproximam a morte de Jesus da dos profetas, é com o objetivo de estigmatizar unicamente o povo judeu. É exatamente o que imaginava o antissemitismo medieval, por repousar, como todo antissemitismo cristão, numa incapacidade de compreender a verdadeira natureza e a infinita exemplaridade da Paixão. Há mil anos, numa época em que a influência cristã ainda não havia penetrado tão profundamente em nosso mundo, esse erro era mais desculpável do que hoje.

A interpretação antissemita ignora a intenção real dos Evangelhos. Segundo todas as evidências, é o mimetismo que explica o ódio das multidões contra os seres excepcionais, como Jesus e todos os profetas, e não o pertencimento étnico ou religioso.

Os Evangelhos sugerem que em todas as comunidades, e não somente entre os judeus, existe um processo mimético de rejeição do qual os profetas são as vítimas preferenciais, um pouco como todos os seres *de exceção*, indivíduos diferentes dos outros, pelas mais diversas razões. As vítimas podem ser aleijados, enfermos, miseráveis, desfavorecidos, indivíduos mentalmente retardados, mas também grandes inspirados religiosos, como Jesus ou os profetas judeus, ou ainda, atualmente, grandes artistas ou pensadores. Todos os povos têm tendência a rejeitar, sob um pretexto ou outro, os indivíduos que escapam de sua concepção do normal e do aceitável.

Quando comparamos a Paixão com os relatos das violências sofridas pelos profetas, constatamos que, efetivamente, nos dois casos, trata-se sempre ou de violências diretamente coletivas, ou de inspiração coletiva. A *semelhança* assinalada por Jesus é perfeitamente real, e logo veremos que ela não se limita às violências descritas na Bíblia. Os mesmos tipos de vítimas podem ser encontrados nos mitos.

Portanto, é preciso interpretar de modo muito concreto a frase de Jesus sobre a analogia entre sua morte e a dos profetas. Para confirmar a interpretação realista que estou propondo, é necessário comparar a Paixão não somente com as violências cometidas contra os profetas no Antigo Testamento, mas também, nos próprios Evangelhos, à execução daquele que os Evangelhos consideram o "último dos profetas", João Batista.

★ ★ ★

Se João Batista é um profeta, sua morte violenta, para "verificar" a doutrina de Jesus, deve se *assemelhar* à morte violenta deste último. Assim, nela deveríamos encontrar o arrebatamento mimético e os outros traços essenciais da Paixão. E, efetivamente, eles aí se encontram. É fácil constatar que todos esses traços estão presentes nos dois Evangelhos que contêm o relato da morte de João Batista, os dois mais antigos, o de Marcos e o de Mateus.

Assim como a crucificação, o assassinato de João Batista não é diretamente coletivo, mas de inspiração coletiva. Em ambos os casos, há um soberano, único capacitado a declarar a morte e que finalmente a decreta, apesar de seu desejo pessoal de poupar a vítima: Pilatos de um lado, Herodes de outro. Nos dois casos, é por razões miméticas, para não se opor à multidão violenta, que o soberano renuncia a seu próprio desejo e ordena a execução da vítima. Assim como Pilatos não ousa se opor à multidão que exige a crucificação, Herodes não ousa se opor a seus convidados que exigem a cabeça de João Batista.

Nos dois casos, tudo resulta de uma crise mimética. Na história do profeta, é a crise do casamento de Herodes com Herodíades. João recrimina Herodes pela ilegalidade de seu casamento com a mulher de seu irmão, Herodíades deseja se vingar, mas Herodes protege João Batista. Para forçá-lo, a esposa arregimenta contra seu inimigo a multidão dos convidados ao grande banquete de aniversário de seu esposo.

Para atiçar o mimetismo desse bando e transformá-lo em matilha sanguinária, Herodíades recorre à arte que os gregos consideravam a mais mimética de todas, a mais capaz de mobilizar contra a vítima os participantes de um sacrifício: a dança. Herodíades faz sua filha dançar, e, a pedido da dançarina, manipulada por sua mãe, todos os convidados exigem a cabeça de João.

As semelhanças entre esse relato e a Paixão são notáveis, e não podemos simplesmente atribuí-las a um plágio. Os dois textos não são "dublês" um do outro. Seus detalhes são completamente diferentes. O que os torna semelhantes é seu mimetismo interno, representado de modo igualmente potente e original em ambos os casos.

Portanto, no plano antropológico, a Paixão é mais típica do que única: ela ilustra o tema maior da antropologia evangélica, o mecanismo vitimário que apazigua as comunidades humanas e restabelece, ao menos provisoriamente, sua tranquilidade.

* * *

O que descobrimos nos Evangelhos, tanto na morte de João Batista quanto na de Jesus, é um processo cíclico de desordem e de reordenação que culmina e se perfaz em um mecanismo de unanimidade vitimária. Emprego a palavra "mecanismo" para significar a natureza automática do processo e de seus resultados, assim como a incompreensão e mesmo a inconsciência dos participantes.

Esse mecanismo é também discernível em certos textos bíblicos. Os mais interessantes, sob o aspecto do processo vitimário, são aqueles que os próprios Evangelhos aproximam da vida e da morte de Jesus, aqueles que nos contam a vida e a morte do personagem chamado o Servo de Iahweh ou Servo sofredor.

O Servo é um grande profeta sobre o qual trata a parte do livro de Isaías que começa no capítulo 40, geralmente atribuído a um autor independente, o Segundo Isaías, ou

Dêutero-Isaías. As passagens que evocam a vida e a morte desse profeta são suficientemente distintas daquelas próximas para que seja possível reagrupá-las em quatro trechos separados que fazem pensar em quatro grandes poemas, os cânticos do Servo de Iahweh.

O início do capítulo 40, o primeiro capítulo do Segundo Isaías, não faz parte desses cânticos, mas, em certos aspectos, parece-me que deva ser anexado a eles:

> Uma voz clama: "No deserto, abri
> um caminho para Iahweh;
> na estepe, aplainai
> uma vereda para o nosso Deus.
> Seja entulhado todo vale,
> todo monte e toda colina sejam nivelados;
> Transformem-se os lugares escarpados em planície,
> E as elevações, em largos vales.
> Então a glória de Iahweh há de revelar-se
> E toda carne, de uma só vez, o verá,
> Pois a boca de Iahweh o afirmou.

(Is 40, 3-5)

Nesse nivelamento, nesse achatamento universal, os exegetas modernos veem uma alusão à construção de uma estrada para Ciro, rei da Pérsia, aquele que permitiu aos judeus voltar a Jerusalém.

Certamente a explicação é razoável, mas um tanto simplista. O texto fala de nivelamento, mas não fala de maneira banal. Ele se refere ao fato de modo tão grandioso que limitar seu alcance apenas à construção de uma estrada, mesmo grande, para o maior dos monarcas, parece-me um pouco mesquinho, um pouco restrito.

Um dos temas do Segundo Isaías é o fim do exílio babilônico, terminado de modo feliz pelo famoso edito de Ciro. Mas outros temas entrelaçam-se com o retorno, em particular os temas do Servo de Iahweh que acabei de mencionar.

Mais do que a obras construídas com um objetivo determinado, o texto citado faz pensar numa erosão geológica, e penso que devemos reconhecer aí uma representação por imagens de uma dessas crises miméticas cujo traço essencial, como sabemos, é a perda das diferenças, a transformação dos indivíduos em *duplos*, cujo perpétuo enfrentamento destrói a cultura. Nosso texto assimila esse processo ao desmoronamento das montanhas e ao preenchimento dos vales numa região montanhosa. Assim como as rochas transformam-se em areia, o povo transforma-se em massa amorfa, incapaz de escutar "a voz que clama no deserto", estando sempre pronto, em contrapartida, a corroer as alturas e a assorear as profundezas, para permanecer na superfície de todas as coisas, para rejeitar a grandeza e a verdade.

Por mais inquietante que seja esse aplainamento das diferenças, essa imensa vitória da superficialidade e da uniformidade, o profeta anseia por ele, em razão da contrapartida formidavelmente positiva que ele prepara, uma epifania decisiva de Iahweh:

...Então a glória de Iahweh há de revelar-se
E toda carne, de uma só vez, o verá,
Pois a boca de Iahweh o afirmou.

Essa epifania é profetizada aqui. Ela se realiza, segundo todas as evidências, doze capítulos depois, no assassinato coletivo que dá fim à crise, o assassinato do Servo sofredor. Apesar de sua bondade e de seu amor pelos homens, o Servo não é amado por seus irmãos e, no quarto e último canto, ele sucumbe nas mãos de uma multidão histérica que se reuniu contra ele, vítima de um verdadeiro linchamento.

Penso que para compreender bem o Segundo Isaías seja necessário traçar um grande arco que emerge do aplainamento inicial, da indiferenciação violenta, e que se encerra nos capítulos 52 e 53, no relato da morte violenta do Servo. Em suma, esse arco liga a descrição da crise mimética à consequência maior dessa crise, o linchamento do Servo sofredor. Essa morte é o equivalente da Paixão nos Evangelhos, o assassinato coletivo do grande profeta rejeitado por seu povo. Como nos Evangelhos, a morte coletiva do profeta e a revelação de Iahweh são um único e mesmo acontecimento.

Uma vez que seja apreendida a estrutura de crise e de linchamento coletivo que é a do Segundo Isaías, também passamos a compreender que o conjunto constitui, assim como a vida e a morte de Jesus nos Evangelhos, o que pode ser chamado, a meu ver, de *ciclo mimético*. A proliferação inicial dos escândalos conduz, cedo ou tarde, a uma crise aguda, em cujo paroxismo a violência unânime é liberada contra a vítima única, a vítima finalmente selecionada por toda a comunidade. Esse acontecimento restabelece a antiga ordem ou estabelece uma nova, destinada, algum dia, a também entrar em crise, e assim por diante.

Como em todos os ciclos miméticos, o conjunto é uma epifania divina, uma manifestação de Iahweh. O ciclo mimético é representado no Segundo Isaías com todo o esplendor característico dos grandes textos proféticos. Como todos os ciclos miméticos, este se assemelha aos precedentes e aos seguintes por seu dinamismo e sua estrutura fundamental. Ao mesmo tempo, é claro, ele comporta todo tipo de traços que pertencem apenas a ele e que não é necessário enumerar.

A prova de que se trata exatamente da mesma sequência ocorrida na vida e na morte do Cristo, aos olhos dos quatro evangelistas, é que nos quatro Evangelhos encontramos a descrição da crise mimética, a descrição do Segundo Isaías que eu próprio acabei de citar, descrição que constitui o essencial da profecia de João Batista a respeito de Jesus. Lembrar aos homens esse capítulo de Isaías, fazê-los pensar nessa descrição de crise e nesse anúncio de epifania divina é a mesma coisa que profetizar Jesus, é anunciar que a vida e a morte de Jesus serão *semelhantes* à vida e à morte do profeta de outrora. É fazer alusão àquilo que chamo de um novo ciclo mimético, uma nova erupção de desordem coroada pela violência unânime do *todos contra um* mimético.

João Batista é identificado como "a voz que clama no deserto" e seu anúncio profético resume-se inteiramente na citação do capítulo 40 de Isaías. O que o profeta deseja profetizar pode ser resumido da seguinte forma:

Uma vez mais encontramo-nos numa grande crise, e ela terminará pela execução coletiva de um novo enviado de Deus, Jesus. Essa morte violenta será, para Iahweh, a ocasião de uma nova e suprema revelação.

III
SATANÁS

PARA CONFIRMAR A presença nos Evangelhos daquilo que chamo de "ciclo mimético", é preciso que nos voltemos para uma noção, ou melhor, um personagem, muito desprezado atualmente, mesmo pelos cristãos. Os Evangelhos sinóticos chamam-no por seu nome hebreu, Satanás. O Evangelho de João chama-o por um nome grego, diabo.

Na época em que, guiados pelo teólogo alemão Rudolf Bultmann, todos os teólogos da moda "desmitologizavam" as Escrituras sem qualquer cerimônia, eles não concediam ao príncipe deste mundo sequer a honra de inscrevê-lo em seu programa. Apesar do papel considerável que ele desempenha nos Evangelhos, o cristianismo moderno não o leva muito em consideração.

Se examinarmos as proposições evangélicas sobre Satanás à luz de nossas análises, perceberemos que elas não merecem o esquecimento em que recaíram.

Assim como Jesus, Satanás busca ser imitado, mas não da mesma forma, não pelas mesmas razões. De início, ele quer seduzir. O Satanás sedutor é o único do qual o mundo moderno se digna de lembrar um pouco, claro que para zombar dele.

Satanás também se propõe como modelo para nossos desejos, e, evidentemente, é mais fácil imitá-lo do que a

Cristo, pois seu conselho é que nos entreguemos a todos os nossos impulsos, em detrimento da moral e de suas proibições.

Se escutarmos esse professor, muito amável e moderno, inicialmente iremos nos sentir "liberados", mas essa impressão não dura, pois se escutarmos Satanás, logo estaremos privados de qualquer proteção contra o mimetismo conflituoso. Ao invés de nos advertir contra as armadilhas que nos esperam, Satanás nos faz cair nelas. Ele aplaude a ideia de que as proibições "não servem para nada" e de que sua transgressão não comporta qualquer perigo.

A estrada em que Satanás nos lança é larga e fácil, é a grande autoestrada da crise mimética, mas de repente, entre nós e o objeto de nosso desejo, surge um obstáculo inesperado, e, mistério dos mistérios, quando acreditávamos ter deixado Satanás bem para trás, eis que ele, ou algum de seus escudeiros, bloqueia nosso caminho.

É a primeira das várias metamorfoses de Satanás: o *sedutor* do início transforma-se rapidamente num *adversário* rebarbativo, um obstáculo mais sério do que todas as proibições ainda não transgredidas. É fácil descobrir o segredo dessa inoportuna metamorfose. O segundo Satanás é a conversão do modelo mimético em obstáculo e em rival, é a gênese dos escândalos.

Como ele próprio deseja aquilo que nos impulsiona a desejar, nosso modelo opõe-se a nosso desejo. Portanto, para além da transgressão, ergue-se um obstáculo mais intransponível que todas as interdições, dissimulado de início pela própria proteção que estas últimas proporcionam, enquanto forem respeitadas.

Eu não sou o único a assimilar Satanás aos escândalos, é o próprio Jesus que o faz, numa apóstrofe veemente a Pedro: "Afasta-te de mim, Satanás! Tu me serves de escândalo."

Pedro atrai para si tal explosão ao reagir negativamente ao primeiro anúncio da Paixão. Decepcionado pelo que considera uma excessiva resignação de Jesus, ele se esforça por insuflar-lhe seu próprio desejo, sua própria ambição mundana. Em suma, Pedro convida Jesus a tomar ele próprio como modelo de seu desejo. Se Jesus se desviasse de seu Pai para seguir Pedro, ele e Pedro logo recairiam na rivalidade mimética, e a aventura do Reino de Deus se perderia em ridículas querelas.

Aqui, Pedro coloca-se como semeador de escândalos, o Satanás que desvia os homens de Deus em proveito dos modelos rivalitários. Satanás semeia os escândalos e colhe a tempestade das crises miméticas. Para ele, essa é a ocasião de mostrar aquilo de que é capaz. As grandes crises desembocam no verdadeiro mistério de Satanás, em seu mais espantoso poder, que é o de expulsar a si próprio e de trazer novamente ordem às comunidades humanas.

O texto essencial a respeito da expulsão diabólica de Satanás é a resposta de Jesus àqueles que o acusam de expulsar Satanás por intermédio de Belzebu, o príncipe dos demônios:

Como pode Satanás expulsar Satanás? Se um reino se dividir contra si mesmo, tal reino não poderá subsistir. E se uma casa se dividir contra si mesma, tal casa não poderá se manter. Ora, se Satanás se atira contra si próprio e se divide, não poderá subsistir, mas acabará.

(Mc 3, 23-24)

Acusar um exorcista rival de expulsar os demônios por meio de Satanás devia ser uma acusação banal na época. Muitas pessoas deviam repeti-la automaticamente. Jesus quer que haja uma reflexão sobre suas implicações. Caso seja verdade que Satanás expulsa Satanás, como é que isso acontece, como tal façanha é possível?

Longe de negar a realidade da autoexpulsão satânica, esse texto a afirma. A prova de que Satanás possui tal poder é a afirmação frequentemente repetida de que ele está chegando a seu fim. A queda próxima de Satanás profetizada por Cristo não se distingue de seu poder de autoexpulsão.

Em Mateus, como em Marcos, em vez de substituir o segundo Satanás por um pronome e dizer "como Satanás pode expulsar a si mesmo?", Jesus repete o nome: "Como *Satanás* pode expulsar *Satanás*?" A proposição interrogativa de Marcos transforma-se numa proposição condicional, mas a fórmula não muda: "Se Satanás expulsa Satanás..."

A repetição da palavra Satanás é mais eloquente do que seria sua substituição por um pronome, mas o que a inspira não é o gosto pelo belo linguajar, mas o desejo de ressaltar o paradoxo fundamental de Satanás: ele é tanto um princípio de ordem quanto de desordem.

O Satanás expulso é quem fomenta e exaspera as rivalidades miméticas a ponto de transformar a comunidade numa fornalha de escândalos. O Satanás que expulsa é essa mesma fornalha quando ela atinge um ponto de incandescência suficiente para desencadear o mecanismo vitimário. Para impedir a destruição de seu reino, Satanás faz de sua própria desordem, em seu paroxismo, um meio de expulsar a si mesmo.

É esse poder extraordinário que torna Satanás o príncipe deste mundo. Se ele não pudesse proteger seu domínio das investidas que ameaçam aniquilá-lo, e que são essencialmente as suas, ele não mereceria o título de príncipe que os Evangelhos não lhe atribuem levianamente. Se fosse puramente destruidor, há muito tempo Satanás teria perdido seu domínio. Para compreender o que faz dele o mestre de todos os reinos deste mundo, é preciso tomar literalmente tudo o que Jesus diz, ou seja, que a desordem expulsa a desordem, ou, em outros termos, que Satanás realmente expulsa Satanás. É realizando essa proeza pouco banal que ele se tornou indispensável e que garante a grandeza de seu poder.

Como compreender essa ideia? Voltemos ao momento em que a comunidade dividida, no paroxismo do processo mimético, refaz sua unidade contra uma vítima única, que se torna o escândalo supremo porque todo mundo, mimeticamente, considera-a culpada.

Satanás é o mimetismo que convence a comunidade inteira, unânime, de que essa culpa é real. É a essa arte de persuasão que ele deve um de seus nomes mais antigos, mais tradicionais. Ele é o *acusador* do herói no livro de Jó, junto a Deus e, mais ainda, junto ao povo. Transformando uma comunidade diferenciada em multidão histérica, Satanás gera os mitos. Ele é o princípio de acusação sistemática que jorra do mimetismo exasperado pelos escândalos. Uma vez que a infeliz vítima esteja completamente isolada, privada de defensores, nada mais pode protegê-la da multidão desenfreada. Todos podem se lançar ao massacre contra ela sem temer a menor represália.

Pode parecer que a vítima única seja muito pouco para todos os apetites de violência que convergem para ela, mas nesse instante a comunidade não aspira a nada além de sua destruição. Assim, essa vítima substitui efetivamente todos aqueles que um pouco antes se opunham uns aos outros em mil escândalos pulverizados aqui e ali, e que agora se encontram todos reunidos contra um alvo único.

Como ninguém, na comunidade, possui outro inimigo além dela, uma vez que essa vítima tinha sido perseguida, expulsa, aniquilada, a multidão irá se encontrar livre de qualquer hostilidade, privada de inimigo. Só restava um, e ele foi descartado. Pelo menos provisoriamente, essa comunidade não sente mais nem ódio nem ressentimento por ninguém: ela se sente *purificada* de todas suas fragmentações.

Os perseguidores não sabem que sua concórdia repentina, como precedentemente sua discórdia, é obra do mimetismo. Eles acreditam estar lidando com um ser perigoso, maléfico, do qual é extremamente importante que a comunidade se livre. Nada mais sincero que seu ódio.

Portanto, o *todos contra um* mimético ou *mecanismo vitimário* possui a capacidade espantosa, espetacular, mas logicamente explicável, de trazer de volta a calma ao interior de uma comunidade tão perturbada um instante antes que nada parecia capaz de apaziguá-la.

Apreender esse mecanismo como coisa de Satanás é compreender que a fórmula de Jesus — "Satanás expulsa Satanás" — tem um sentido preciso, racionalmente explicável. O que ela define é a eficácia do mecanismo vitimário. É a esse mecanismo que o grande sacerdote Caifás faz alusão quando diz: "É melhor que um único homem morra e que o povo inteiro não pereça."

Assim, os quatro relatos da crucificação fazem-nos assistir ao desenrolar de um mecanismo vitimário. Como já disse, a sequência assemelha-se aos inúmeros fenômenos análogos que Satanás coloca em cena.

A prova de que a Cruz e o mecanismo de Satanás são a mesma coisa é dada pelo próprio Jesus, ao dizer pouco antes de sua prisão: *Chegou a hora de Satanás.* " Não devemos ver nessa frase uma fórmula retórica, um modo pitoresco de sugerir o caráter repreensível do que os homens vão fazer a Jesus. Como todas as outras frases evangélicas a respeito de Satanás, esta possui um sentido preciso e até mesmo quase "técnico". É uma das frases que designam na crucificação um mecanismo vitimário.

A crucificação é uma dessas horas em que Satanás restaura e consolida seu poder sobre os homens. A passagem do *todos contra todos* para o *todos contra um* mimético permite ao príncipe deste mundo evitar a destruição total de seu reino, acalmando a cólera da multidão e devolvendo-lhe a tranquilidade indispensável para a sobrevivência de qualquer comunidade humana.

Então, Satanás sempre consegue restaurar ordem suficiente no mundo para impedir a destruição total de seu bem, sem se privar muito tempo de seu passatempo preferido, que é semear a desordem, a violência e a infelicidade entre seus súditos.

A morte de Jesus frustra o cálculo satânico, e logo veremos o porquê. Mas, de imediato, ela tem claramente os efeitos esperados por aquele que a desencadeou. Podemos constatar nos Evangelhos que ela exerce sobre a multidão o efeito tranquilizador que Pilatos, assim como Satanás, espera dela. Isto é apreciável do ponto de vista da *pax romana*, da qual Pilatos é o guardião. O procurador temia uma revolta, e graças à crucificação ela não se produz.

O suplício transforma a multidão ameaçadora em um público de teatro antigo ou de cinema moderno, tão cativado pelo espetáculo sangrento quanto nossos contemporâneos pelos horrores hollywoodianos. Uma vez saciados dessa violência que Aristóteles qualifica de *catártica*, pouco importa se real ou imaginária, todos os espectadores voltam pacificamente para suas casas a fim de dormir o sono dos justos.

A palavra *catharsis* designa, em primeiro lugar, a "purificação" proporcionada pelo sangue derramado nos sacrifícios rituais. Como logo veremos, estes são a reprise deliberada do processo descrito na Paixão, ou, em outras palavras, do mecanismo satânico. É exatamente de exorcismo que se trata no debate que dá a Jesus a oportunidade de interrogar-se sobre a expulsão satânica de Satanás.

Os Evangelhos fazem-nos ver que as comunidades humanas são sujeitas a desordens que retornam periodicamente, e que podem ser resolvidas por meio de fenômenos de multidão *unânime*, quando certas condições são preenchidas. Essa resolução enraíza-se no desejo mimético e nos escândalos que sempre desarranjam as comunidades.

O ciclo mimético começa com o desejo e as rivalidades, prossegue com a multiplicação dos escândalos e a crise mimética, para finalmente se resolver em um mecanismo vitimário, que é a resposta à questão de Jesus: "Como Satanás expulsa Satanás?"

Certas lendas medievais e contos tradicionais contêm ecos da concepção evangélica de Satanás. Temos um homem do mundo amável, generoso, sempre pronto a cumular os homens de benefícios em troca, parece, de bem pouca coisa. Sua única exigência é que uma alma, e apenas uma, lhe seja reservada. Por vezes é a filha do rei que ele reclama, mas frequentemente pouco lhe importa. O primeiro forasteiro serve tão bem quanto a mais bela das princesas.

A exigência parece modesta, quase ínfima ao lado dos benefícios prometidos, mas o misterioso cavaleiro não pode renunciar a isso. Se ela não for satisfeita, todos os dons do generoso benfeitor desaparecem instantaneamente, e este desaparece com eles. É claro que ele não é senão Satanás, e para afugentá-lo basta não ceder à sua chantagem. Há aí uma alusão bastante clara à onipotência do mecanismo vitimário nas sociedades pagãs, e sua perpetuação sob formas veladas, muitas vezes atenuadas, nas sociedades cristãs.

* * *

Podemos ver em tudo isso uma antropologia do desejo mimético, das crises resultantes e dos fenômenos de multidão que dão fim a essas crises, relançando um novo ciclo mimético. Essa antropologia pode ser encontrada no Evangelho de João, onde, como disse anteriormente, Satanás é substituído pelo diabo.

Em um dos discursos que faz Jesus proferir, João intercala uma pequena dissertação de cerca de quinze versos, onde encontramos tudo que foi analisado nos Evangelhos sinóticos, mas sob uma forma tão elíptica e condensada que eles despertam uma incompreensão ainda maior do que as proposições dos Evangelhos sinóticos que acabei de analisar. Apesar das diferenças de vocabulário que a fazem parecer mais dura, a doutrina de João é a mesma que a dos sinóticos.

O texto de João é muitas vezes condenado por nossos contemporâneos como supersticioso e vindicativo. Ele define novamente, de forma rude, mas sem hostilidade, as consequências do mimetismo conflituoso sobre os homens.

Nesse discurso, Jesus dialoga com pessoas que ainda se consideram seus discípulos, mas que logo irão abandoná-lo por não entenderem seu ensinamento. Em suma, os primeiros ouvintes de Jesus já se escandalizavam, como alguns de nossos contemporâneos:

> Se Deus fosse vosso pai, vós me amaríeis
> porque saí de Deus e dele venho;
> não venho por mim mesmo, mas foi Ele que me enviou.
> Por que não reconheceis minha linguagem?
> É porque não podeis escutar minha palavra.
> Vós sois do diabo, vosso pai,
> E quereis realizar
> os desejos de vosso pai.
> Ele foi homicida desde o princípio
> e não permaneceu na verdade,
> porque nele não há verdade:
> quando ele mente,
> fala do que lhe é próprio,
> porque é mentiroso e pai da mentira.

(8, 42-44)

Aos que se afirmam como seus discípulos, Jesus sustenta que seu pai não é nem Abraão nem Deus, como eles afirmam, mas o diabo. A razão desse julgamento é clara. Essas pessoas têm o diabo por pai porque são os desejos do diabo que eles querem realizar, e não os desejos de Deus. Eles tomam o diabo como *modelo* de seus desejos.

Portanto, o desejo de que fala Jesus repousa sobre a imitação, seja do diabo, seja de Deus. Aqui, trata-se sem dúvida do desejo mimético no sentido definido anteriormente. A noção de pai confunde-se uma vez mais com esse *modelo* de que o desejo humano, por não possuir objeto que lhe seja próprio, não pode absolutamente prescindir.

Deus e Satanás são os dois "arquimodelos" cuja oposição corresponde àquela já descrita, entre os modelos que nunca se tornam obstáculos e rivais para seus discípulos, por não desejarem nada de modo ávido e concorrencial, e os modelos cuja avidez repercute imediatamente sobre seus imitadores, logo transformando-os em obstáculos diabólicos. Assim, os primeiros versículos de nosso texto são uma definição explicitamente mimética do desejo e das opções que dele resultam para a humanidade.

Se os modelos que os homens escolhem não os orientam na boa direção, não conflituosa, por meio do Cristo, a mais ou menos longo prazo eles irão expô-los à indiferenciação violenta e ao mecanismo da vítima única. Eis o que é o diabo no texto de João. Os filhos do diabo são os seres que se deixam aprisionar no círculo do desejo rivalitário e que, cegamente, tornam-se joguetes da violência mimética. Como todas as vítimas desse processo, "eles não sabem o que fazem" (Lucas 23, 34).

Se não imitamos Jesus, nossos modelos tornam-se para nós obstáculos vivos, e também nos tornamos para eles. Descemos então, juntos, a espiral infernal que conduz às crises miméticas generalizadas e, passo a passo, ao *todos contra um* mimético. Essa consequência inexorável explica a sequência imediata do texto, a súbita alusão ao assassinato coletivo:

Desde o início, [o diabo] foi um homicida.

Se o leitor não tiver percebido o ciclo mimético, mais uma vez aqui ele não irá compreender. Terá a impressão de uma ruptura arbitrária, inexplicável, entre essa frase e as precedentes. Na realidade, a sucessão dos temas é perfeitamente lógica: ela corresponde às etapas do ciclo mimético.

João atribui o *todos contra um* mimético ao diabo porque ele já lhe atribui o desejo responsável pelos escândalos. Ele poderia da mesma forma atribuir tudo isso aos homens, e por vezes ele o faz.

O texto de João é uma nova definição — ultrarrápida, mas completa — do ciclo mimético. Em nós e à nossa volta, os escândalos proliferam e, cedo ou tarde, arrastam-nos às escaladas miméticas e ao mecanismo vitimário. Eles nos transformam à revelia em cúmplices de assassinatos unânimes, tão mais enganados pelo diabo quanto mais ignoramos nossa cumplicidade. Ela não tem consciência de si própria. Imaginamo-nos virtuosamente alheios a qualquer violência.

De vez em quando, os homens vão até o extremo na realização dos desejos de seu pai e recaem no *todos contra um* mimético. No momento em que Jesus faz o discurso que comentamos, o mecanismo que outrora mobilizara os cainitas contra Abel e, em seguida, milhares de multidões contra milhares de vítimas está prestes a se reproduzir contra ele.

Imediatamente após essas afirmações fundamentais, nosso texto afirma que o diabo "não permaneceu na verdade". O que faz dele nosso príncipe, ou nosso "pai", é a falsa acusação, é a condenação injusta de uma vítima inocente. Ela não repousa sobre nada de real, nada de objetivo, mas apesar disso consegue ser aceita de modo unânime, em virtude do contágio violento. Lembremos que o sentido primeiro de Satanás, na Bíblia, é o de acusador público, o promotor em um tribunal.

O diabo é necessariamente mentiroso, pois se os perseguidores apreendessem a verdade, ou seja, a inocência da sua vítima, eles não poderiam mais aliviar-se de sua violência à custa dela. O mecanismo vitimário só funciona em função da ignorância daqueles que o fazem funcionar. Eles acreditam estar na verdade quando, na realidade, encontram-se na mentira.

O "fundo próprio" do diabo, aquele de onde tira suas mentiras, é o mimetismo violento que não é nada de substancial. O diabo não tem fundamento estável, não tem nenhum *ser*. Para dar-se uma aparência de ser ele precisa parasitar as criaturas de Deus. Ele é inteiramente mimético, o que equivale a dizer, inexistente.

O diabo é o pai da mentira ou, em certos manuscritos, dos "mentirosos", porque suas violências enganosas repercutem de geração em geração nas culturas humanas, que permanecem todas tributárias de algum assassinato fundador e dos ritos que o reproduzem.

O texto de João escandaliza aqueles que não percebem a alternativa que ele pressupõe, como tampouco a perceberam os primeiros interlocutores de Jesus. Muitos acreditam ser fiéis a Jesus, mas lançam contra os Evangelhos objeções superficiais, mostrando com isso que permanecem submissos às rivalidades miméticas e às suas escaladas violentas. Quando não enxergamos que é inevitável escolher entre esses dois arquimodelos, Deus e o diabo, já escolhemos o diabo, o mimetismo conflituoso.

As virtuosas indignações modernas contra o Evangelho de João não têm fundamento. Jesus diz a verdade a seus interlocutores: eles escolheram o desejo rivalitário e, a longo prazo, as consequências serão desastrosas. O fato de que Jesus se dirija a judeus é muito menos importante do que imaginam aqueles que só têm uma preocupação: provar o antissemitismo dos Evangelhos. A paternidade diabólica no sentido de Jesus não pode ser o monopólio de um povo específico.

Após sua definição mimética do desejo, o texto de João fornece uma definição fulgurante das consequências desse desejo, o assassinato satânico. A impressão de maldade produzida pelo texto deve-se à incompreensão de seu conteúdo, que nos faz imaginar uma série de insultos gratuitos. Isso é efeito de nossa ignorância, frequentemente mesclada com hostilidade preconcebida com relação à mensagem evangélica. É nosso próprio ressentimento que projetamos sobre o cristianismo. Para além dos interlocutores imediatos de Jesus, que são inevitavelmente os judeus, é a humanidade inteira que é visada, como sempre acontece nos Evangelhos.

* * *

O Satanás dos Evangelhos sinóticos e o diabo do Evangelho de João significam o mimetismo conflituoso, incluindo o mecanismo vitimário. Pode-se tratar tanto do processo quanto de um único de seus momentos. Para os exegetas modernos, cegos para o ciclo mimético, a palavra pode dar a impressão de significar tantas coisas diferentes que acaba não significando mais nada. Mas essa impressão é enganosa. Se retomarmos uma a uma as proposições que analisei, e se compararmos o Satanás sinótico com o diabo de João, veremos facilmente que a doutrina é coerente e que a passagem de um vocabulário para outro não a afeta.

Longe de ser absurdo demais para reter nossa atenção, o tema evangélico contém um saber incomparável sobre as relações entre os homens e as sociedades que delas resultam. Tudo que afirmei sobre Satanás está em perfeito acordo com o que a análise dos escândalos, anteriormente, permitira que formulássemos.

Quando o distúrbio causado por Satanás torna-se grande demais, o próprio Satanás, assim como o escândalo, torna-se de alguma forma seu próprio antídoto, suscitando o arrebatamento mimético e o *todos contra um* reconciliador, permitindo que a tranquilidade retorne à comunidade.

A grande parábola dos vinhateiros homicidas mostra claramente o ciclo mimético ou satânico. Cada vez que o proprietário da vinha envia um mensageiro aos vinhateiros, esse envio desencadeia entre eles uma crise, que resolvem colocando-se contra o mensageiro, expulso por unanimidade. Esse acordo unânime é o arrebatamento mimético. Cada expulsão violenta constitui o cumprimento de um ciclo mimético. O último mensageiro é o Filho, expulso e assassinado do mesmo modo que todos os enviados precedentes.

Essa parábola confirma a definição da crucificação que já expus. O suplício de Jesus é um exemplo, entre tantos outros, do mecanismo vitimário. O que torna único o ciclo mimético de Jesus não é a violência, mas a identidade da vítima, que é o Filho de Deus. Evidentemente, aí se encontra o essencial do ponto de vista de nossa redenção, mas de tanto negligenciarmos os alicerces antropológicos da Paixão, acabamos por passar ao largo da verdadeira teologia da Encarnação, que necessita da antropologia evangélica para se fundar.

As noções de ciclo mimético e de mecanismo vitimário fornecem conteúdo concreto a uma ideia de Simone Weil segundo a qual, antes mesmo de ser uma "teoria de Deus", uma *teologia*, os Evangelhos são uma "teoria do homem", uma *antropologia*.

Como o desencadeamento do mecanismo vitimário é inseparável do auge da desordem, o Satanás que expulsa e restabelece a ordem é exatamente idêntico ao Satanás que fomenta a desordem: a fórmula de Jesus — "Satanás expulsa Satanás" — é insubstituível.

A receita suprema do príncipe deste mundo, seu artifício número um, talvez seu único recurso, é o *todos contra um* mimético ou mecanismo vitimário, é a unanimidade mimética que, no paroxismo da desordem, restabelece a ordem nas comunidades humanas.

Graças a essa prestidigitação que até a revelação judaica e cristã sempre permaneceu dissimulada e que, até certo ponto, permanece dissimulada em nossos dias, no seio mesmo da revelação, pois esta não está assimilada, as comunidades humanas têm uma dívida com Satanás pela ordem muito relativa que desfrutam. Portanto, elas são sempre devedoras em relação a ele, e não conseguem se libertar por seus próprios meios.

Satanás imita o modelo de Jesus, o próprio Deus, mas num espírito de arrogância e de rivalidade pelo poder. Ele conseguiu perpetuar seu reino, durante a maior parte da história humana, graças à transigência de Deus, para a qual o começo do fim é marcado pela missão de Jesus junto aos homens. O reino de Satanás corresponde à parte da história humana anterior a Cristo, a qual é inteiramente governada pelo mecanismo vitimário e as falsas divindades.

A concepção mimética de Satanás permite que o Novo Testamento atribua ao mal um papel à medida de sua importância, sem conferir-lhe o peso ontológico que faria desse personagem uma espécie de deus do mal.

Longe de "criar" o que quer que seja por seus próprios meios, Satanás só se perpetua parasitando o ser criado por Deus, imitando esse ser de modo invejoso, grotesco, perverso, tão contrário quanto possível à imitação direta e dócil de Jesus. Satanás é imitador, repito, no sentido rivalitário do termo. Seu reino é uma caricatura do reino de Deus. Satanás é o macaco de Deus.

Afirmar que Satanás não é, recusar-lhe o ser, como faz a teologia cristã, equivale a dizer, entre outras coisas, que o cristianismo não nos obriga a ver nele "um ser que existe realmente". A interpretação que reconhece em Satanás o mimetismo conflituoso permite, pela primeira vez, não minimizar o príncipe deste mundo sem dotá-lo de um *ser* pessoal que a teologia tradicional, com justiça, recusa-lhe.

Nos Evangelhos, os fenômenos miméticos e vitimários podem ser organizados a partir de duas noções diferentes: a primeira dessas noções é um princípio impessoal, o escândalo. A segunda é esse personagem misterioso que João chama de diabo e os Evangelhos sinóticos, Satanás.

Como vimos, os Evangelhos sinóticos contêm um discurso de Jesus sobre o escândalo, mas nenhum discurso sobre Satanás. Em contrapartida, a literatura de João não contém nenhum discurso sobre o escândalo, mas possui um sobre o diabo, que acabei de examinar.

O escândalo e Satanás são fundamentalmente a mesma coisa e, no entanto, podem-se observar entre eles duas diferenças importantes. O peso principal das duas noções distribui-se diferentemente. No escândalo, o acento encontra-se sobre o processo conflituoso em seus inícios, consequentemente mais sobre as relações entre os indivíduos do que sobre os fenômenos coletivos, embora, como vimos, estes não estejam ausentes. O ciclo mimético é esboçado, mas não é tão nitidamente desenhado quanto no caso do Satanás sinótico e do diabo de João. O mecanismo vitimário é sugerido, mas não verdadeiramente definido.

Partindo-se apenas do escândalo, penso que seria difícil chegar a uma explicação completa do mecanismo vitimário e da significação antropológica da Cruz. No entanto, é isso que faz Paulo, ao definir a Cruz como o escândalo por excelência. Se não usarmos o ciclo mimético para interpretá-la, essa palavra permanece parcialmente ininteligível.

Com a expulsão satânica de Satanás, ao contrário, o ciclo mimético é verdadeiramente fechado, encerra-se o círculo, pois o mecanismo vitimário está definido explicitamente.

Mas por que Satanás não se apresenta como um princípio impessoal, como os escândalos? Porque ele designa a consequência principal dos mecanismos vitimários, a emergência de uma falsa transcendência e as numerosas divindades que a representam: Satanás é sempre *alguém*. É isso que os capítulos seguintes vão nos permitir compreender.

Segunda parte

O ENIGMA DOS MITOS RESOLVIDO

IV

O HORRÍVEL MILAGRE DE APOLÔNIO DE TIANA

APOLÔNIO DE TIANA era um guru célebre do século II d.C. Nos meios pagãos, seus milagres eram considerados muito superiores aos de Jesus. O mais espetacular é, com certeza, a cura de uma epidemia de peste na cidade de Éfeso da qual possuímos um relato graças a Filóstrato, escritor grego do século seguinte e autor de uma *Vida de Apolônio de Tiana*.[*]

Os efésios não conseguiam se livrar dessa epidemia. Após vários remédios inúteis, eles se dirigiram a Apolônio, que, por meios sobrenaturais, chega até eles num piscar de olhos e anuncia-lhes a cura imediata:

"Hoje mesmo vou pôr fim à epidemia que os oprime." Após essas palavras, ele conduziu todo o povo para o teatro, onde se erguia uma imagem do deus protetor. Ele viu ali uma espécie de mendigo que piscava os olhos como se fosse cego, e levava uma bolsa contendo um pedaço de pão. O homem, vestido em andrajos, tinha algo de repugnante.

Dispondo os efésios em círculo à volta desse homem, Apolônio disse-lhes: "Peguem todas as pedras que conseguirem

---

[*] Flavius Philostratus. *The life of Apollonius of Tyana, the Epistles of Appolonius and the Treatise by Eusebius.* [Com uma tradução inglesa de F.C. Conybeare. Cambridge: Harvard University Press, 1912]. Loeb Classical Library, livro 4, cap. 10.

e lancem-nas contra esse inimigo dos deuses." Os efésios perguntaram-se aonde ele queria chegar. Eles se escandalizavam com a ideia de matar um desconhecido manifestamente miserável, que implorava e suplicava por piedade. Voltando à carga, Apolônio estimulava os efésios a se lançarem contra ele, a impedirem-no de se afastar.

Assim que alguns deles seguiram os conselhos e começaram a jogar pedras no mendigo, este, cujo piscar fazia-o parecer cego, subitamente lançou-lhes um olhar penetrante, mostrando olhos cheios de fogo. Os efésios reconheceram então que se tratava de um demônio, e apedrejaram-no com tanta vontade que suas pedras formaram um grande monte ao redor de seu corpo.

Depois de um breve instante, Apolônio convidou-os a retirar as pedras e a reconhecer o animal selvagem que tinham abatido. Quando descobriram a criatura sobre a qual tinham lançado seus projéteis, constataram que não era o mendigo. Em seu lugar, havia um animal que parecia um molosso, mas tão grande quanto um enorme leão. Ele estava lá, diante de seus olhos, reduzido por suas pedras a uma papa e vomitando espuma como um cão raivoso. Por causa disso, foi erguida a estátua do deus protetor, Héracles, exatamente no lugar em que o mau espírito fora expulso.[*]

Horrível milagre! Se o autor fosse cristão, certamente seria acusado de caluniar o paganismo. Mas Filóstrato era um pagão militante, claramente decidido a defender a religião de seus ancestrais. O assassinato do mendigo parecia-lhe ca-

---

[*] Agradeço ao professor Eduardo Gonzales por ter chamado minha atenção para este texto.

paz de levantar o moral de seus correligionários, de reforçar sua resistência ao cristianismo. No plano que chamaríamos de "midiático", ele não estava enganado. Seu livro teve tanto sucesso que Juliano Apóstato recolocou-o em circulação no século IV, no contexto de sua última tentativa para salvar o paganismo.

* * *

Por mais fantástica que seja sua conclusão, o relato de Filóstrato é rico demais em detalhes concretos para ter sido completamente inventado.

O milagre consiste no desencadeamento de um contágio mimético tão poderoso que acaba por polarizar toda a população da cidade contra o infeliz mendigo. A recusa inicial dos efésios é o único raio de luz nesse texto tenebroso, mas Apolônio faz o possível para apagá-lo, e consegue. Os efésios começam a lapidar sua vítima com tal fúria que acabam vendo nela o que Apolônio pede que vejam: o autor de todos os seus males, o "demônio da peste" que deve ser eliminado para curar a cidade.

Para descrever o comportamento dos efésios depois que a lapidação começa, somos tentados a recorrer a uma expressão moderna certamente muito feia, talvez devido a sua exatidão: *desrecalcamento*. Quanto mais os efésios obedecem a seu guru, mais se transformam em uma multidão histérica, e mais conseguem se *desrecalcar* em cima do velho mendigo.

Outra fórmula clássica vem à mente, tão feia e tão exata quanto a primeira: é a metáfora do *abscesso de fixação*, muito empregada na época áurea do comparatismo religioso.

Ao canalizar para um alvo universalmente aceitável o contágio violento que desencadeou entre os efésios, Apolônio satisfaz um apetite de violência que leva tempo para ser suscitado e que, mal desperta, é imediatamente apaziguado pelas pedradas contra a vítima designada pelo guru. Uma vez que eles estejam bem "desrecalcados", uma vez que o abscesso de fixação tenha cumprido seu papel, os efésios descobrem estar curados de sua epidemia.

Há uma terceira metáfora que desta vez não é moderna, mas antiga: a da *catharsis* ou purificação, que Aristóteles emprega para descrever o efeito das tragédias sobre os espectadores. Ela significa, em primeiro lugar, o efeito sobre os participantes dos sacrifícios rituais, das imolações sangrentas...

O milagre é prenhe de todo um ensinamento propriamente *religioso* que nos escaparia se o considerássemos imaginário. Longe de ser um fenômeno aberrante, estranho a tudo que sabemos sobre o universo grego, a lapidação do mendigo lembra certos dados religiosos bastante clássicos, os sacrifícios dos *pharmakoi*, por exemplo, verdadeiros assassinatos coletivos de indivíduos análogos ao mendigo de Éfeso. Logo voltarei a isso.

O prestígio de Apolônio é ainda mais sinistro pelo fato de não ser totalmente infundado. A lapidação passa por milagrosa por acabar com as queixas dos efésios. Mas, vocês me dirão, aqui se trata de peste. Como o assassinato de um mendigo, por mais unânime que fosse, poderia eliminar uma epidemia de peste?

Estamos num mundo em que a palavra "peste" é frequentemente empregada num sentido que não é estritamente médico. Quase sempre a palavra comporta uma dimensão social. Até a Renascença, em qualquer lugar que surjam, as "verdadeiras" epidemias perturbam as relações sociais. Sempre que as relações são perturbadas, a ideia de epidemia pode surgir. A confusão é ainda mais fácil pelo fato de as duas "pestes" serem igualmente contagiosas.

Se a intervenção de Apolônio tivesse acontecido num contexto de peste bacteriana, a lapidação não teria vencido a "epidemia". O astucioso guru deve ter se informado, e sabia que a cidade estava tomada por tensões internas suscetíveis de serem descarregadas sobre o que nós mesmos chamamos de *bode expiatório*. Essa quarta metáfora designa uma vítima substituta, um inocente no lugar dos antagonistas reais. Existe, na *Vida de Apolônio de Tiana*, exatamente antes do milagre propriamente dito, uma passagem que confirma nossa conjectura.

* * *

Os Evangelhos mostraram que o motor das violências coletivas são as rivalidades miméticas. Se a lapidação do mendigo de Éfeso pertence à mesma categoria de fenômenos que a Paixão, devemos encontrar no relato de Filóstrato, se não tudo que encontramos na Paixão, ao menos indicações suficientes para facilitar e justificar a aproximação com os Evangelhos.

Efetivamente, essas indicações podem ser encontradas. Pouco antes do relato da lapidação milagrosa, Apolônio está num porto marítimo com alguns fiéis e o espetáculo de um navio partindo inspira-lhe notáveis observações sobre a ordem e a desordem nas sociedades. Apolônio vê na tripulação do navio uma comunidade cujo sucesso ou fracasso depende da natureza das relações entre seus membros:

> Se um único membro dessa comunidade descuidasse de sua tarefa (...), a viagem acabaria mal e eles todos encarnariam a tempestade. Se, ao contrário, eles estiverem animados por uma saudável emulação, se eles rivalizarem apenas em eficácia, cada um no cumprimento de seu dever, irão garantir a segurança de seu navio: o tempo permanecerá bom e a navegação será fácil. Controlando a si próprios, os marinheiros irão obter os mesmos resultados que Poseidon, o deus que torna o mar propício, se este velasse constantemente sobre eles.[*]

Em suma, existem boas rivalidades, e também as más. Há uma emulação saudável, a dos homens que "rivalizam apenas em eficácia, cada um no cumprimento de seu dever". Existem as rivalidades insalubres, daqueles que "não controlam a si próprios". Longe de contribuir para o bom andamento das sociedades, essas rivalidades desenfreadas as enfraquecem. Os que se entregam a elas *encarnam a tempestade.*

Não são os inimigos exteriores que causam a perdição das sociedades, mas as ambições ilimitadas, as concorrências desenfreadas que dividem os homens ao invés de uni-los. Filóstrato não define os conflitos miméticos de maneira tão extensa e forte quanto o faz Jesus em seu discurso sobre os

---

[*] Op. cit., livro 4, cap. 9.

escândalos, mas, evidentemente, é do mesmo tipo de conflito que ele fala, e fala deles com indubitável competência.

Já sugeri, anteriormente, que a peste de Éfeso não deve ser bacteriana. É uma epidemia de rivalidades miméticas, um entrecruzamento de escândalos, uma luta de *todos contra todos* que, graças à vítima selecionada pela diabólica astúcia de Apolônio, transforma-se "miraculosamente" em um *todos contra um* reconciliador. Adivinhando o mal de que sofrem os efésios, o guru suscita à custa de um pobre miserável uma violência da qual espera um efeito *catártico* superior ao dos sacrifícios ordinários, ou das representações trágicas que, sem dúvida, aconteciam no século II de nossa era, no teatro de Éfeso.

A ideia de ver nessa advertência contra as rivalidades miméticas uma introdução ao milagre parece-me ainda mais verossímil pelo fato de os dois textos virem em sequência, sem a menor transição. A passagem que acabei de citar precede imediatamente o capítulo dedicado à lapidação milagrosa, que citei extensamente no início deste capítulo.

A lapidação é um mecanismo vitimário, assim como a Paixão, e ainda mais eficaz do que a Paixão no que se refere à violência, pois é totalmente unânime, e porque a comunidade acredita, assim, livrar-se imediatamente de sua "epidemia de peste".

* * *

Consciente do prejuízo que a *Vida de Apolônio de Tiana* causava ao cristianismo, Eusébio de Cesareia, o primeiro grande historiador da Igreja, amigo e colaborador de Constantino, compôs uma crítica a esse livro, mas os leitores modernos não encontram nela o que imaginam. Eusébio esforça-se, principalmente, para mostrar que os milagres de Apolônio não têm nada de excepcional. Ele nunca emprega, para denunciar a monstruosa lapidação, o tom indignado que seria de se esperar. Assim como os partidários do guru, ele reduz o debate a uma rivalidade mimética entre os fazedores de milagres. Lendo-o, compreendemos melhor por que Jesus busca desviar nossa atenção dos milagres que realiza...

Eusébio nunca define realmente a oposição essencial entre Apolônio e Jesus. Face às lapidações, Jesus é o antípoda de Apolônio. Ao invés de suscitá-las, ele faz todo o possível para impedi-las. Eusébio nunca diz verdadeiramente aquilo que salta aos olhos do leitor moderno. Para medir as diferenças entre os dois mestres espirituais sobre esse ponto, devemos aproximar o "milagre" tramado por Apolônio de um texto que nada tem de miraculoso, o da mulher cuja lapidação Jesus evita:

> Os escribas e os fariseus trazem, então, uma mulher surpreendida em adultério e, colocando-a no centro, dizem-lhe: "Mestre, esta mulher foi surpreendida em flagrante delito de adultério. Na Lei, Moisés nos ordena apedrejar tais mulheres. Tu, pois, o que dizes?" Eles assim diziam para pô-lo à prova, a fim de terem matéria para acusá-lo. Mas Jesus, inclinando-se, escrevia no chão com o dedo... Como persistissem em interrogá-lo, ergueu-se e lhes disse: "Quem dentre vós estiver sem pecado, seja o primeiro a lhe atirar uma pedra!" Inclinando-se de novo, escrevia no chão. Eles, porém, ouvindo isso, saíram um após outro, a começar

pelos mais velhos. Ele ficou sozinho e a mulher permanecia lá, no centro. Então, erguendo-se, Jesus lhe disse: "Mulher, onde estão eles? Ninguém te condenou?" Disse ela: "Ninguém, senhor." Disse, então, Jesus: "Nem eu te condeno. Vá, e de agora em diante, não peques mais."

(João 8, 3-11)

Contrariamente aos efésios, que no início têm o espírito pacífico, desfavorável à lapidação, a disposição da multidão que leva a mulher adúltera a Jesus é combativa. Em ambos os textos, a ação gira inteiramente em torno de um problema que a frase única de Jesus torna explícito, ainda que, por outro lado, nunca tenha sido formulado de maneira clara por Filóstrato, o da *primeira pedra*.

No "milagre" de Apolônio, a primeira pedra é visivelmente a principal preocupação do guru, pois nenhum efésio consegue decidir-se a lançá-la. É fácil perceber tal preocupação, apesar de ela nunca se tornar explícita. Apolônio acaba resolvendo a dificuldade no sentido que deseja, mas só depois de se desdobrar, como o diabo que é. Também Jesus triunfa sobre as dificuldades com as quais se defronta, mas, em sentido contrário ao guru, mobiliza sua influência contra a violência.

Na única frase de sua intervenção, Jesus menciona explicitamente a primeira pedra, coloca ênfase nela, nomeia-a em último lugar, visando, poderíamos dizer, prolongar seu eco tanto quanto possível na memória de seus ouvintes: *"Atire a primeira pedra aquele que estiver sem pecado!"* Sempre cético e orgulhoso de seu ceticismo, o leitor moderno imagina um efeito puramente retórico: a primeira pedra é proverbial. Atirar a primeira pedra é uma dessas expressões que todos repetem.

Será que aqui se trata realmente de um simples efeito de linguagem? Não se deve esquecer que foi o texto que lemos, foi a história da mulher adúltera salva da lapidação que tornou proverbial a primeira pedra. Se ainda hoje a frase é repetida por toda parte, em todas as línguas dos povos cristianizados, isso se deve certamente a nosso texto, mas também ocorre por causa de sua extraordinária pertinência, devidamente sublinhada pelo paralelismo de nossos dois relatos.

Quando Apolônio ordena aos efésios que joguem sobre o mendigo as pedras que lhes pediu que juntassem, esses bravos homens recusaram-se a fazê-lo, e Filóstrato tem a simplicidade de confessar não somente essa recusa, mas também os argumentos que a justificam. Os efésios não conseguem se decidir, friamente, a massacrar um de seus semelhantes, por mais miserável, repulsivo e insignificante que seja.

Os argumentos justificando tal recusa encontram sua contrapartida num argumento de Jesus. Eles equivalem dessa vez não às últimas palavras, mas às primeiras: "Que aqueles que estiverem sem pecado..." Os efésios não reconhecem ter o direito de assassinar friamente uma criatura humana à qual nada têm a censurar.

Para chegar a seus fins, Apolônio tem de desviar a atenção dos efésios da ação que lhes pede que cometam, buscando fazê-los esquecer a realidade física da lapidação. Com uma grandiloquência ridícula, ele denuncia no mendigo um "inimigo dos deuses". Para tornar a violência possível, ele tem que demonizar aquele que ele deseja transformar em vítima. E finalmente o guru consegue, obtém o que deseja, a primeira pedra. Uma vez que ela tenha sido lançada, Apolônio pode dormir tranquilo, pois a batalha está ganha para a violência e a mentira. Os mesmos efésios que, momentos antes, sentiam piedade pelo mendigo irão demonstrar na emulação violenta uma fúria tão contrária à sua atitude inicial que nossa surpresa iguala nossa tristeza.

Longe de ser puramente retórica, a primeira pedra é decisiva por ser a mais difícil de lançar. Mas por que será ela tão difícil de lançar? Porque é a única que não tem *modelo*.

Quando Jesus discursa, a primeira pedra é o último obstáculo que se opõe à lapidação. Chamando a atenção para ela, mencionando-a expressamente, Jesus faz o possível para reforçar esse obstáculo, para engrandecê-lo.

Quanto mais aqueles que desejam lançar a primeira pedra percebem a responsabilidade que assumiriam ao lançá-la, mais chances existem para que a deixem cair de suas mãos.

Teríamos realmente necessidade de um modelo mimético para uma ação tão simples quanto atirar pedras? A prova de que a resposta é positiva é a resistência inicial dos efésios. Certamente, não é em um espírito hostil a seu venerado guru que Filóstrato revela suas dificuldades.

Uma vez lançada a primeira pedra, graças aos incentivos de Apolônio, a segunda vem muito rapidamente, graças ao exemplo da primeira; a terceira vem ainda mais rápido, pois ela tem dois modelos em vez de um, e assim por diante.

Quanto mais os modelos se multiplicam, mais se precipita o ritmo da lapidação.

Salvar a mulher adúltera da lapidação, como faz Jesus, impedir um arrebatamento mimético no sentido da violência, é desencadear outra, em sentido inverso: uma escalada não violenta. Quando um primeiro indivíduo recusa-se a lapidar a mulher adúltera, ele arrasta um segundo à mesma renúncia, e assim por diante. Finalmente, é todo o grupo, guiado por Jesus, que abandona seu projeto de lapidação.

Nossos dois textos não poderiam ser mais diferentes no espírito, no entanto eles se assemelham de modo estranho. Sua independência recíproca torna tal semelhança muito significativa. Eles nos fazem compreender melhor o dinamismo das multidões, que não deve ser definido apenas pela violência ou não violência, mas pela imitação, pelo mimetismo.

O fato de que a frase de Jesus continua a desempenhar entre nós um papel metafórico universalmente compreendido, num mundo em que a lapidação ritual não existe mais, sugere que o mimetismo permanece tão poderoso atualmente quanto no passado, mas sob formas geralmente menos violentas. O simbolismo da primeira pedra continua inteligível porque, embora o gesto físico da lapidação não esteja mais presente, a definição dos comportamentos coletivos permanece tão válida quanto há dois mil anos.

Para sugerir o papel imenso, insuspeitado, desempenhado pelo mimetismo na cultura humana, Jesus não recorre a termos abstratos que poderíamos facilmente descartar, como imitação, mimetismo, mimese etc. Basta-lhe a primeira pedra. Essa expressão única permite-lhe significar o verdadeiro princípio não somente das lapidações antigas, mas de todos os fenômenos de multidão, antigos e modernos. É exatamente por isso que a imagem da primeira pedra permanece viva.*

Apolônio tem de conseguir que um ou outro efésio, não importa qual, atire a primeira pedra, mas sem chamar atenção para ela, e é exatamente por isso que ele evita fazê-lo expressamente. Assim, ele dá mostras de duplicidade. Ele se cala por razões simétricas e inversas àquelas que levam Jesus a mencionar a primeira pedra explicitamente, a conceder-lhe a maior ressonância possível.

A hesitação inicial e a fúria final dos efésios são características muito marcantes do mimetismo violento para não fazer pensar que nossos dois relatos apresentam-se ambos em conformidade com a dinâmica, ou melhor, com a "mimética" da lapidação. Para favorecer a violência coletiva, é preciso reforçar seu inconsciente, e é isso que Apolônio faz. Ao contrário, para desencorajar essa mesma violência, é preciso lançar-lhe luz, é preciso representá-la em toda sua verdade. É isso que faz Jesus.

* * *

Como muitas frases memoráveis, a de Jesus não se caracteriza pelo tipo de originalidade que o mundo moderno aprecia e que exige de seus escritores e artistas, ou seja, a originalidade no sentido do jamais dito, do jamais ouvido, da novidade a qualquer preço. A resposta de Jesus ao desafio que lhe

---

* Ver minha interpretação desse mesmo texto de João em: René Girard, *Quand ces choses commenceront*. Paris: Arléa, 1994, p. 179-86. Ver também idem, *La vittima e la folla*. Treviso: Santi Quaranta, 1998, p. 95-132 (traduzido e editado para o italiano por Giuseppe Fornari).

é lançado não é original nesse sentido. Jesus não inventa a ideia da primeira pedra, mas retira-a da Bíblia, inspirando-se em sua tradição religiosa. Nossa "criatividade" desencarnada quase nunca desemboca em verdadeiras obras-primas.

A lapidação legal, por mais arcaica que seja, nunca se assemelha ao assassinato arbitrário arquitetado por Apolônio. A Lei prevê a lapidação para delitos bem determinados e, por temer as falsas denúncias, para dificultá-las, ela obriga os próprios delatores, que devem ser no mínimo dois, a lançarem as duas primeiras pedras.

Jesus deseja a Lei, mas no sentido mesmo da Lei, apoiando-se sobre o que a prescrição legal comporta de mais humano, de mais alheio ao mimetismo da violência: a obrigação imposta aos dois primeiros acusadores de lançarem as duas primeiras pedras. A Lei priva os delatores de modelos miméticos.

Uma vez que as primeiras pedras sejam lançadas, toda a comunidade, por sua vez, deve atirá-las. Para manter a ordem nas sociedades arcaicas, às vezes não há outro meio senão o mimetismo violento, a unanimidade mimética. A Lei recorre a ela sem hesitar, mas tão prudentemente, tão parcimoniosamente quanto possível.

Jesus entende claramente transcender as provisões violentas da Lei, estando nisso de acordo com boa parte do judaísmo de seu tempo, mas sempre age no sentido do dinamismo bíblico e não contra ele.

★ ★ ★

O episódio da mulher adúltera é um dos raros sucessos de Jesus com uma multidão violenta. Isso ressalta os inúmeros fracassos e, sobretudo, é claro, o papel da multidão em sua própria morte.

No episódio evangélico da mulher surpreendida em flagrante delito de adultério, se a multidão não tivesse sido convencida por Jesus, se a lapidação tivesse acontecido, Jesus também correria o risco de ser lapidado. Fracassar no salvamento de uma vítima ameaçada de morte coletiva, encontrar-se sozinho a seu lado, é correr o risco de sofrer a mesma sorte que ela. Esse princípio é encontrado em todas as sociedades arcaicas. No período que precede a crucificação, Jesus, conforme contam os Evangelhos, escapa de várias tentativas de lapidação.

Nem sempre ele irá se safar tão bem, e acabará desempenhando o papel do mendigo em Éfeso, sofrendo o suplício reservado aos últimos dos últimos no Império Romano. Entre ele e o mendigo existe uma semelhança na morte e também uma semelhança antes da morte, uma semelhança que se concretiza no comportamento de ambos diante da multidão ameaçadora.

Antes de responder aos que pedem sua opinião sobre a obrigação de lapidar a mulher adúltera, inscrita na Lei de Moisés, Jesus inclina-se para o chão e escreve na poeira com o dedo.

Penso que Jesus não teria se inclinado com a intenção de escrever, mas é por ter se inclinado que ele escreve. Ele se curvou para esquivar-se do olhar injetado de sangue desses homens.

Se Jesus confrontasse seus olhares, esses homens extremamente excitados não veriam seu olhar como realmente é, mas iriam transformá-lo no espelho de sua própria cólera: é seu próprio desafio, sua provocação, que eles teriam lido no olhar de Jesus, por mais pacífico que ele fosse na realidade, e em retorno eles se sentiriam provocados. O enfrentamento não poderia mais ser evitado e provavelmente provocaria aquilo que Jesus estava se esforçando por evitar, a lapidação da vítima. Portanto, Jesus evita até a menor sombra de provocação.

Quando Apolônio pede aos efésios que eles se armem com pedras e se coloquem em círculo ao redor do mendigo, este reage de maneira que lembra o comportamento de Jesus diante da multidão irritada. Ele tampouco quer dar a homens ameaçadores a impressão de que estaria desafiando-os. Seu desejo de passar por cego, mesmo que no início fosse exclusivamente "profissional", parece-me corresponder ao gesto de Jesus desenhando na areia.

Quando as pedras começam a ser lançadas, o mendigo não tem mais esperança de se safar fingindo não ver o que está acontecendo a seu redor. Sua manobra fracassou. Assim, ele não hesita mais em olhar à sua volta, esperando contra qualquer expectativa descobrir na muralha de seus agressores a brecha que lhe permitiria fugir.

No olhar de animal acuado que o mendigo então lhes dirige, os efésios percebem uma espécie de desafio. Somente nesse instante eles acreditam reconhecer em sua vítima o demônio inventado por Apolônio. A cena confirma e justifica a prudência de Jesus:

Assim que alguns dentre eles (...) seguiram os conselhos e começaram a jogar pedras no mendigo, este, cujo piscar fazia-o parecer cego, subitamente lançou-lhes um olhar penetrante e mostrou olhos cheios de fogo. Os efésios reconheceram então que se tratava de um demônio (...)

A lapidação do mendigo lembra necessariamente a crucificação. Finalmente, Jesus é arrastado por um efeito mimético análogo à lapidação do mendigo. Em seu próprio caso, ele não consegue evitar o efeito que conseguira inverter no caso da mulher adúltera. É isso que a multidão reunida ao pé da cruz compreende a seu modo: ela zomba da impotência de Jesus de realizar para si mesmo aquilo que fez por outros: "Ele, que salvou outros, não consegue salvar a si próprio!"

A Cruz é o equivalente da lapidação de Éfeso. Dizer que Jesus identifica-se com todas as vítimas quer dizer que ele se identifica não somente com a mulher adúltera ou com o Servo sofredor, mas também com o mendigo de Éfeso. Jesus *é* esse infeliz mendigo.

V

MITOLOGIA

O MILAGRE DE Apolônio consiste em converter uma epidemia de rivalidades miméticas em uma violência unânime cujo efeito "catártico" faz com que a tranquilidade retorne, estreitando o laço social entre os efésios. Toda a cidade vê na lapidação um sinal sobrenatural, e para confirmar a interpretação milagrosa, para torná-la oficial, supõe-se uma intervenção de Héracles, o deus mais indicado para esse papel, pois ele já se encontra ali, representado pela sua estátua, no teatro onde ocorre a lapidação. Ao invés de condenar a agressão criminosa contra o mendigo, as autoridades municipais endossam o milagre e Apolônio aparece como um grande homem.

Como o deus não desempenhou nenhum papel na história, esse apego ao paganismo oficial parece-nos um tanto artificial. No entanto, o apelo à dimensão religiosa não é arbitrário em seu princípio. Entre a lapidação fomentada por Apolônio e os fenômenos em torno dos quais surge o sagrado arcaico, as afinidades são reais.

Muitos mitos têm um perfil análogo ao milagre de Apolônio. Mas a violência, mesmo nos casos em que o linchamento pode ser reconhecido, não é descrita, em geral, com o realismo já moderno de um Filóstrato. Nos textos literários, *As metamorfoses* de Ovídio, por exemplo, a proliferação de elementos fantásticos esconde o horror de um espetáculo que nunca é *representado* como no relato de Filóstrato.

Os mitos começam quase sempre com um estado de desordem extrema. Esse caos, na maioria das vezes, não é considerado "original". Muitas vezes é possível detectar por trás dele uma espécie de perturbação ou inacabamento, seja na comunidade, seja na natureza, seja no cosmos.

Com frequência, o que está perturbando a paz é uma "epidemia" mal definida, análoga à que está presente na lapidação de Éfeso. Talvez seja também um mal-estar social, um conflito cujo caráter mimético é sugerido pelo considerável papel, nos mitos, dos *gêmeos* ou *irmãos inimigos*. O conflito também pode ocorrer entre mil outras entidades mais ou menos fabulosas, monstros, astros, montanhas, não importa muito o quê, mas essas entidades opõem-se e entrechocam-se simetricamente como os duplos miméticos.

Nesses inícios de mitos, em vez de desordens, também podemos encontrar uma interrupção das funções vitais causadas por uma espécie de bloqueio, de paralisia. Claude Lévi-Strauss viu claramente este aspecto dos começos míticos, sem entretanto identificar o vínculo com a violência.

Também pode ser o caso de desastres mais comuns, carestias, inundações, secas destruidoras e outras catástrofes naturais. Sempre, e por toda parte, podemos resumir a situação inicial em termos de uma crise que faz pesar sobre a comunidade e seu sistema cultural uma ameaça de destruição total.

Essa crise é quase sempre resolvida pela violência, e se esta não for coletiva, tem ressonâncias coletivas. A única grande exceção é a violência *dual*, que contrapõe dois irmãos ou gêmeos inimigos, um triunfando sobre o outro. Existe sempre alusão a um mimetismo, conflituoso e desagregador *antes* da violência, reconciliador e unificador *após* e graças a essa mesma violência. Tudo isso só é plenamente visível à luz das análises precedentes, à luz do milagre de Apolônio, ele próprio esclarecido pelos Evangelhos, e à noção de ciclo mimético, tal como descrito nos três primeiros capítulos deste livro.

No paroxismo da crise, a violência unânime é desencadeada. Em muitos mitos que nos parecem os mais arcaicos, e que são a meu ver efetivamente, a unanimidade violenta apresenta-se como uma precipitação em massa mais sugerida do que realmente descrita, e que evidentemente pode ser reencontrada, manifesta, nos rituais. Visivelmente, estes *reproduzem*, já suspeitamos por quê, a violência unânime e reconciliadora do mecanismo vitimário.

O protagonista nos mitos arcaicos é a comunidade em sua totalidade, transformada em multidão violenta. Acreditando-se ameaçada por um indivíduo isolado, com frequência um estrangeiro, ela massacra espontaneamente o visitante. Esse tipo de violência pode ser encontrado em plena Grécia clássica, no sinistro culto de Dioniso.

Os agressores precipitam-se como um único homem sobre sua vítima. A histeria coletiva é tal que eles se comportam literalmente como predadores. Conseguem dilacerar essa vítima, literalmente destroçam-na com as mãos, as unhas, os dentes, como se a cólera ou o medo decuplicassem sua força física. Por vezes, devoram o cadáver.

Para designar essa violência súbita, convulsiva, esse puro fenômeno de multidão, é difícil encontrar um termo adequado. A palavra que nos vem aos lábios é um americanismo: linchamento.

Dadas as inúmeras variantes do assassinato coletivo ou de inspiração coletiva, nos mitos e nos textos bíblicos, dado o realismo de certas descrições, dados também os ritos, uma interpretação puramente "simbólica", a invocação de um fantasma qualquer, por exemplo o "fantasma do corpo despedaçado", para explicar todas essas cenas de violência, parece-me ditada por um preconceito sistemático contra o real, e eu a rejeito sem a menor hesitação, no mínimo em razão do impasse em que o estudo da mitologia patina há séculos.

Como o linchamento a mãos nuas desempenha um papel considerável nos mitos arcaicos, por que não levantar a hipótese mais simples, mais lógica, a de uma violência análoga mais selvagem, e mais espontânea ainda, para a lapidação de Éfeso?

Como os conflitos miméticos são reais, desembocando regularmente na violência coletiva, por que não supor que, por trás da maioria dos mitos, exista a violência real?

Se os linchadores despedaçam sua vítima com as próprias mãos, é porque devem estar desarmados. Se possuíssem armas, eles se serviriam delas. Se não as possuem, é porque não pensavam que teriam necessidade delas. Eles devem ter se reunido por razões pacíficas, talvez para acolher um visitante, e subitamente as coisas não saíram como se esperava...

★ ★ ★

As violências coletivas de que falei até aqui — a lapidação de Éfeso, a Paixão e a decapitação de João Batista — são mais ou menos manipuladas. Também existem, como adivinhamos observando os mitos, muitos linchamentos espontâneos. Eles devem corresponder a arrebatamentos miméticos muito vigorosos, que não encontram diante de si qualquer obstáculo legal, institucional. Em algum lugar a cólera se inflama, desencadeia-se o pânico, e toda a comunidade, por um efeito de contágio instantâneo, precipita-se na violência.

Nas sociedades privadas de sistema judiciário, a indignação contagiosa explode sob a forma do linchamento. Louis Gernet vê no linchamento uma modalidade arcaica da justiça.* Isso é melhor do que não ver absolutamente nada, mas, na minha opinião, esse pesquisador inverte o processo genético. Ele enxerga apenas o ponto de partida do religioso mítico e, sem dúvida, posteriormente, de tudo que chamamos de "sistema judiciário": a unanimidade violenta do linchamento espontâneo, não premeditado, que restabelece espontaneamente a paz e que, por meio da vítima, dá a essa paz uma significação religiosa, divina.

Assim que a vítima for morta, a crise está terminada, a paz é restabelecida, a peste é curada, os elementos se apaziguam, o caos recua, o bloqueado se desbloqueia, o inacabado se acaba, o incompleto se completa, o indiferenciado se diferencia.

A metamorfose do malfeitor em benfeitor divino é um fenômeno simultaneamente prodigioso e rotineiro, tanto que, na maior parte dos casos, os mitos nem o mencionam. Exatamente aquele que no início do mito era linchado por ser considerado o destruidor do sistema totêmico, na conclusão preside à reconstrução desse mesmo sistema ou à construção de um novo. A violência unânime transformou

---

* Louis Gernet, *Droit et institutions en Grèce antique*. Paris: Flammarion, 1982.

o malfeitor em benfeitor divino de modo tão extraordinário e, no entanto, tão ordinário que a maioria dos mitos nada diz sobre essa metamorfose. Ela se encontra subentendida.

Tudo é explicado se compreendermos que, no fim desses mitos, a unanimidade violenta reconciliou a comunidade, e que o poder reconciliador é atribuído à vítima já "culpada", já "responsável" pela crise.

Portanto, a vítima é transfigurada duas vezes, a primeira de maneira negativa, maléfica, e a segunda vez de maneira positiva, benéfica.

Acreditava-se que a vítima havia perecido, mas é preciso que ela esteja bem viva para poder reconstruir a comunidade imediatamente após tê-la destruído. Evidentemente, ela é imortal, e em consequência, divina.

Assim, devemos pensar que os mitos também refletem, embora de modo mais confuso e mais transfigurado, o processo que os Evangelhos nos permitiram identificar, e que em seguida encontramos na lapidação de Éfeso.

Esse processo deve ser característico dos mitos em geral. Os mesmos grupos humanos que expulsam e massacram os indivíduos em cuja direção as suspeitas convergem, mimeticamente, começam a adorá-los quando se percebem apaziguados e reconciliados. Repito: o que os reconcilia só pode ser inicialmente a projeção de todos seus temores e, em seguida, quando se sentem reconciliados, de todas suas esperanças.

São as desordens características dos grupos humanos que, paradoxalmente, ao se agravarem cada vez mais, fornecem aos homens os meios de se proporcionarem formas de organização que surgem, de alguma maneira, da violência paroxística e dão-lhe um fim. Os linchamentos trazem de volta a paz à custa da vítima divinizada. É exatamente por isso que eles aparecem como epifanias dessa divindade e as comunidades os rememoram nesses relatos transfigurados que chamamos mitos.

* * *

Na lapidação milagrosa de Apolônio de Tiana, nenhuma divindade nova aparece, mas não estamos longe de tal aparição, pois o mendigo é visto como um ser sobrenatural, o demônio da peste.

Após a lapidação, os assassinos não reconhecem sua vítima. O pouco de aparência humana que a velhice e a miséria não haviam destruído acabou sendo aniquilado pelas pedras. O infeliz não foi lapidado por ser monstruoso, é a lapidação que o transforma em um monstro. Os efésios lançaram suas pedras com tanta fúria que o cadáver do mendigo virou "uma papa".

Uma hesitação faz-se pressentir no autor: o monstro é tão grande quanto um leão, e no entanto ele não é um leão, ele está mais para um cão. Para torná-lo mais respeitável enquanto monstro, Filóstrato faz com que vomite espuma, "como os cães raivosos", mas a transfiguração permanece pouco impressionante, pouco convincente, transparente demais para dissimular a triste verdade. O que temos aqui é apenas um pobre esboço de mito...

O assassinato unânime não está suficientemente transfigurado para ser divinizado. É por essa razão que nenhuma divindade nova aparece. Vê-se claramente o que falta a esta lapidação para gerar um deus. Se o motor das transfigurações, a violência coletiva, fosse mais potente, ele divinizaria o mendigo.

Os deuses curadores, nas mitologias, manifestam-se sempre, em primeiro lugar, sob aparências que se assemelham a nosso milagre. Para começar, são sempre demônios os responsáveis pela doença que, em seguida, eles curam.

Se, no final das contas, esses deuses são considerados capazes de curar as doenças que transmitem aos homens, é porque a violência exercida contra eles, no estágio em que parecem ser apenas maléficos, contagiosos, demoníacos, tem um efeito reconciliador análogo ao de nossa lapidação, porém mais potente. É o "abscesso de fixação" muito eficaz que é divinizado.

As vítimas que suscitam mais terror na primeira fase são as que suscitam mais alívio e harmonia na segunda. Assim, repito, elas são transfiguradas duas vezes, mas esse não é o caso do mendigo de Éfeso.

No mito de Édipo, o papel do deus Apolo é um bom exemplo de dupla transfiguração. Considera-se que é esse o deus que envia a epidemia e castiga aqueles que abrigam em seus muros um criminoso abominável, um filho parricida e incestuoso. No início, Apolo também é apenas um "demônio da peste". Quando Édipo é expulso, Tebas está curada. Apolo recompensou a obediência dos tebanos e pôs fim a uma chantagem que a partir de então não tinha mais objeto. Dado que Apolo *é* ele próprio a peste, para acabar com ela basta que ele se afaste.

No milagre de Apolônio, Héracles controla a lapidação do mendigo exatamente como Apolo controla a expulsão do herói no mito de Édipo.

Apolo permanece indispensável nesse último exemplo, embora o próprio herói, à diferença de nosso mendigo, seja um tanto divinizado. Parece que ele não o é suficientemente para consolidar por si só a estrutura sagrada, e para isso o mito recorre, assim como nosso "milagre", a um grande deus preexistente: Apolo.

Se a força transfiguradora fosse mais forte no milagre de Apolônio, após a demonização do mendigo viria sua divinização. A segunda transfiguração dissimularia o horror da cena. Teríamos um verdadeiro mito, e não um fenômeno incompleto, bastardo, relatado por Filóstrato.

O milagre de Apolônio não passa de um pálido esboço de mito, mas é no seu caráter anêmico, inacabado, que reside seu extremo interesse para a compreensão das gêneses míticas. O relato decompõe em dois momentos separados uma gênese que, nos mitos propriamente ditos, apresenta-se sob uma forma tão compacta que parece indecifrável.

Apenas a primeira transfiguração está presente em Filóstrato, a única visível, e é exatamente por isso que ficamos horrorizados. A segunda transfiguração é totalmente ausente, e é para preencher essa ausência que o socorro de Héracles é invocado.

A primeira frase do relato contém uma primeira alusão ao deus:

[Apolônio] conduziu todo o povo ao teatro, onde se erguia uma imagem do deus protetor (...)

Em seguida, não se trata mais do deus até o final do relato:

Em razão [do milagre] foi erguida a estátua do deus protetor, Héracles, exatamente no lugar onde o mau espírito tinha sido expulso.

As duas menções a Héracles enquadram toda a história, conferindo-lhe sua dimensão religiosa. O verdadeiro autor do milagre, definitivamente, é o deus: ele decidiu exercer sua função protetora por intermédio de um grande inspirado: Apolônio de Tiana.

A lapidação milagrosa não é um mito completo, mas apenas uma metade de mito, a primeira, a mais oculta, aquela de cuja existência é melhor nem suspeitar para glorificar os mitos, como fazem os modernos. Para preservar suas ilusões neopagãs, eles se desviam dos textos excessivamente reveladores, como a lapidação de Apolônio.

Filóstrato descreve sua lapidação com um realismo por demais honesto para deixar de nos esclarecer, à sua revelia, quanto ao processo que ele, paradoxalmente, ignora. Não há qualquer razão para pensarmos que esse autor fosse particularmente sádico e que diferisse muito de seus correligionários. Ele permanece ligado à religião ancestral e não a enxerga como ela é. Ele torna seus mecanismos manifestos, embora ele próprio não os identifique. Sem dúvida, o horror que seu relato nos inspira iria surpreendê-lo profundamente.

Em sua imaginação religiosa, o grande Pã não está completamente morto. Não é o acaso que faz do deus das multidões violentas o símbolo de toda a mitologia. É de seu nome que vem nossa palavra "pânico". Esse deus não perdeu, sobre o autor da *Vida de Apolônio de Tiana*, todo seu poder de encantamento.*

* * *

Por que os Evangelhos, em sua definição mais completa do ciclo mimético, recorrem a um personagem chamado Satanás ou o diabo, e não a um princípio impessoal? Penso que a razão principal seja que o verdadeiro manipulador do processo, o sujeito da estrutura no ciclo mimético, não é o sujeito humano que não identifica o processo circular no qual está tomado, mas sim *o próprio mimetismo*. Não existe verdadeiro sujeito fora do mimetismo, e é isso que no final das contas significa o título de príncipe desse mundo, atribuído a essa ausência de ser que é Satanás.

Satanás não tem nada de divino, mas ele não pode ser nomeado sem que se faça alusão a algo de essencial que mencionei brevemente no capítulo sobre ele, e que nos interessa em alto grau: a gênese das divindades arcaicas e pagãs.

Mesmo que a transcendência satânica seja falsa, privada de qualquer realidade no plano religioso, no plano mundano seus efeitos são inegáveis e formidáveis. Satanás é o sujeito ausente das estruturas de desordem e de ordem que resultam das relações conflituosas entre os homens e que, em suma, tanto organizam quanto desorganizam essas relações.

Satanás é o mimetismo em sua potência mais secreta, o engendramento das falsas divindades no interior das quais surge o cristianismo.

---

* Jean-Pierre Dupuy, *La Panique*. Paris: Les Empêcheurs de penser en rond, 1996.

Falar do ciclo mimético em termos de Satanás permite aos Evangelhos dizer ou sugerir sobre as religiões consideradas pelo cristianismo falsas, mentirosas, ilusórias, muitas coisas que não podem ser ditas na linguagem dos escândalos.

Os povos não inventam seus deuses, eles divinizam suas vítimas. O que impede os pesquisadores de descobrir essa verdade é sua recusa de apreender a violência real por trás dos textos que a representam. A recusa do real é o dogma número um de nosso tempo. Ela é o prolongamento e a perpetuação da ilusão mítica original.[*]

---

[*] Para todas as questões levantadas neste capítulo, e para exemplos de mitos interpretados "mimeticamente", ver Richard J. Golsan, *René Girard and Myth*. Nova York e Londres: Garland Publishing, 1993.

VI

Sacrifício

Graças ao talento de Filóstrato, a violência dos efésios, inicialmente tomados de compaixão por sua vítima, é exibida com um realismo tão moderno que não conseguimos escamoteá-la. Por mais que sejamos apaixonados pelos mitos, é impossível não compreender o papel da unanimidade violenta na ilusão mitológica.

O engendramento do sagrado arcaico, antigo, é claramente fruto de um arrebatamento mimético e de um mecanismo vitimário no sentido que os Evangelhos permitem definir. As comunidades apaziguadas e reconciliadas por suas vítimas encontram-se demasiadamente conscientes de sua impotência para se reconciliar sozinhas; em suma, sentem-se modestas demais para atribuir a si próprias o mérito de sua reconciliação. Eles procuram o deus que as reconciliou, e ele só pode ser exatamente essa vítima que lhes causou mal e que agora lhes traz o bem.

No milagre de Apolônio, a experiência não é suficientemente intensa para suscitar a segunda transfiguração. Por isso é necessário recorrer, para sustentar o milagre, a um deus do panteão tradicional. Se a experiência mimética fosse mais forte, os perseguidores atribuiriam sua libertação diretamente à sua vítima, que acumularia os papéis de demônio maléfico e da divindade benéfica.

Quando o poder de transfiguração enfraquece, a segunda transferência faz a primeira desaparecer. Ela é a mais precária, a mais frágil das duas. Ela recobre o demoníaco e dissimula aos olhos dos homens aquilo que Filóstrato nos obriga a contemplar: a projeção de todos os escândalos sobre o infeliz mendigo, a violência mimética, o rebaixamento do religioso arcaico em seu conjunto.

Filóstrato não é sensível à violência no sentido em que nossa época histórica obriga-nos a ser. Essa insensibilidade, por mais chocante que se mostre a nossos olhos, é um dos problemas que nossas análises ajudam a entender melhor.

* * *

Penso que a dupla transferência do arcaico explica a ruptura lógica que caracteriza inúmeros mitos. No início destes, o herói é visto como um perigoso malfeitor, e nada mais. Após a violência destinada a destituí-lo de sua nocividade, esse mesmo malfeitor aparece, na conclusão, como salvador divino, sem que nunca essa mudança de identidade seja justificada ou mesmo indicada. No final desses mitos, o malfeitor inicial, devidamente divinizado, preside à reconstrução do sistema cultural que ele teria destruído na fase inicial, quando era alvo de uma projeção hostil, quando era o bode expiatório.

Ontem, o religioso era chamado de "onírico", de "fantasmático". Hoje, é celebrado como uma "criação lúdica". Na realidade, a mitologia mundial é muito próxima do tipo de fabulação que tomava como objeto violências coletivas em todas as sociedades arcaicas, e ainda um pouco na Idade Média, por ocasião dos grandes *pânicos* ocasionados por calamidades como a Peste Negra. À época, as vítimas eram os judeus, os leprosos, os estrangeiros, os doentes, os marginais de todo tipo, ou, como diríamos hoje, os excluídos.

Nos fenômenos medievais, a transfiguração mítica é ainda mais fraca que no texto de Filóstrato, e a desmistificação que estou propondo, longe de escandalizar quem quer que seja, é percebida como tão evidente que não só é recomendada, mas obrigatória.

* * *

A partir das análises precedentes, podemos comparar a gênese dos mitos e de seus sucedâneos tardios com as atividades de um vulcão hoje extinto.

Quando estava em atividade, esse vulcão gerava "verdadeiros" mitos, mas ele expelia tanta lava e fumaça que era impossível nos inclinarmos sobre a cratera para ver o que acontecia no interior.

A lapidação de Éfeso é obra desse mesmo vulcão numa época mais tardia. Ele ainda é avermelhado, mas está suficientemente resfriado para que possamos nos aproximar. Ele não é completamente estéril, mas produz apenas mitos truncados, amputados do melhor deles mesmos, limitados às transferências hostis. O mendigo de Éfeso nunca chega a se tornar objeto de adoração. A lapidação milagrosa produz apenas um demoniozinho medíocre.

Portanto, o relato de Filóstrato parece-me um precioso "elo perdido" entre, de um lado, as transfigurações mitológicas plenas, indecifráveis diretamente, e, de outro, as transfigurações fáceis de serem decifradas: a caça às bruxas medieval, cujo parentesco com a mitologia propriamente dita torna-se evidente à luz de Filóstrato e dos Evangelhos.

Nos dois casos, temos uma violência coletiva que é objeto de uma falsa interpretação, dominada pela ilusão unânime dos perseguidores. Diante dos mitos, somos ludibriados pelas transfigurações que não são mais capazes de nos enganar no caso da caça às bruxas. Diante das perseguições que acontecem em nosso universo histórico, por mais distantes que estejam no tempo, compreendemos facilmente que as vítimas são reais e necessariamente inocentes. Compreendemos que seria não somente estúpido, mas culpável, negar essa realidade. Não queremos nos tornar cúmplices da caça às bruxas. A mitologia é uma versão mais poderosa do processo transfigurador cujo funcionamento está claro no caso da caça às bruxas, já que em nosso mundo ele só funciona sob uma forma bastante enfraquecida, incapaz de produzir verdadeiros mitos.

Se examinarmos os textos que refletem as grandes convulsões medievais, não será difícil encontrar o ciclo mimético, a crise, as acusações estereotipadas, a violência coletiva e, às vezes, ainda um embrião de epifania religiosa. São claros os sinais preferenciais de seleção da vítima que caracterizam muitos heróis e divindades mitológicas. Temos os mesmos critérios de seleção do *pharmakos* grego: doenças de todo tipo, taras físicas e sociais. Exatamente os critérios que determinam Apolônio a escolher um miserável mendigo para sua lapidação "milagrosa".

Os mitos propriamente ditos fazem parte da mesma família textual que a lapidação de Apolônio, os fenômenos medievais de caça às bruxas ou ainda... a Paixão de Cristo.

Os relatos de violência coletiva tornam-se inteligíveis em proporção inversa ao grau de transfiguração de que são objeto. Os mais transfigurados são os mitos, e o menos transfigurado de todos é a Paixão de Cristo, o único relato a revelar até o fim a causa da unanimidade violenta, o contágio mimético, o mimetismo da violência.

Em suma, o que estou afirmando é que mesmo a mitologia aparentemente mais nobre, a dos deuses olímpicos, provém da mesma gênese textual que a demonização do mendigo de Éfeso ou das bruxas medievais.

A aproximação da mitologia e da caça às bruxas parece escandalosa em virtude da veneração estética e cultural que envolve a mitologia, mas o escândalo não resiste a uma comparação séria entre as duas estruturas. Em ambos os casos, são os mesmos dados organizados do mesmo modo, mas muito enfraquecidos, repito, nos fenômenos do universo cristão, aqueles que qualificamos de "históricos".

É verdade que quanto mais as divindades envelhecem, mais sua dimensão maléfica vai se dissipando em proveito da dimensão benéfica, mas sempre restam vestígios do demônio original, da vítima coletivamente massacrada.

Caso nos limitemos a repetir os costumeiros clichês sobre os deuses olímpicos, iremos enxergar apenas sua majestade e serenidade. Na arte clássica, os elementos positivos, em geral, já se encontram em primeiro plano, mas por trás deles, mesmo no caso de Zeus, há sempre o que é chamado com uma complacência um tanto simplória de "extravagâncias" do deus. Todo mundo está de acordo para "desculpar" tais extravagâncias com um sorriso finamente cúmplice, um pouco como se fosse o caso de um presidente americano pego em flagrante delito de adultério. As extravagâncias de Zeus e seus colegas seriam apenas, nos asseguram, "leves sombras de sua divina grandeza".

Na realidade, as "extravagâncias" são os vestígios de crimes análogos aos de Édipo e outros bodes expiatórios divinizados: são parricídios, incestos, fornicações bestiais e outros crimes horripilantes, ou seja, acusações típicas da caça às bruxas que obcecam sempre as multidões arcaicas e até mesmo as multidões modernas em busca de vítimas. As "extravagâncias" são o essencial do divino arcaico.

Graças a Deus os historiadores da Idade Média recusam-se a negar a realidade da caça às bruxas. Os fenômenos que eles decodificam são excessivamente numerosos, excessivamente inteligíveis, excessivamente bem-documentados para alimentar, pelo menos até aqui, a fúria de desrealização que se apoderou de nossos filósofos e mitólogos. Os historiadores continuam a afirmar a existência real das vítimas massacradas pelas multidões medievais: leprosos, judeus, estrangeiros, mulheres, enfermos, marginais de todo tipo. Seríamos não somente ingênuos, mas culpados, se nos considerássemos incapazes de afirmar a realidade dessas vítimas, sob pretexto de que todos esses "relatos" são necessariamente "imaginários", que a verdade não existe etc.

Se as vítimas da caça às bruxas medieval são reais, por que as dos mitos não seriam?

O que impede os mitólogos de descobrir a verdade não é a dificuldade intrínseca da tarefa, mas seu excessivo respeito pela Antiguidade clássica, que já dura séculos e, agora, estende-se ao universo arcaico em seu conjunto. É a ideologia antiocidental e sobretudo anticristã que impede a desmistificação das formas míticas cuja decifração é a partir de agora possível.

Espero impacientemente o dia em que os pesquisadores perceberão que, nos mitos, estão tratando dos mesmos temas que na caça às bruxas, estruturados da mesma maneira e falsamente percebidos como indecifráveis. Na realidade, eles são decifráveis há dois mil anos. Os relatos da Paixão constituem essa decifração.

Longe de ser aberrante, fantástica, a interpretação que proponho torna-se evidente a partir do momento em que é abordada pelo viés dos "elos perdidos", como a lapidação de Apolônio, intermediário entre os relatos de violência coletiva, ainda capazes de nos enganar, míticos no sentido forte, e aqueles em que reconhecemos instantaneamente as ilusões dos perseguidores mistificados por suas próprias perseguições, a Paixão de Cristo, as perseguições contemporâneas.

* * *

O grande interesse de nossa lapidação é que ela destrói as distinções excessivamente rígidas daqueles que gostariam de aprisionar o real em categorias bem-delimitadas. O estruturalismo linguístico evita claramente utilizar textos como o de Filóstrato. E com razão. Filóstrato ultrapassa muitas barreiras consideradas intransponíveis. Por trás da descontinuidade da linguagem, nosso "elo perdido" evidencia uma continuidade real, sustentando uma inteligibilidade verdadeira, que não se deixa encerrar nos compartimentos estanques dos classificadores antigos e modernos. Os famosos métodos linguísticos são muito apreciados porque eles substituem a busca da verdade pelos passatempos estruturalistas.

Embora não seja exatamente um mito, a lapidação de Éfeso, com a ajuda dos Evangelhos, sugere, sobre a natureza e a gênese dos mitos e das divindades, uma hipótese que se situa no prolongamento direto do texto, uma hipótese difícil de ser rejeitada caso busquemos verdadeiramente a verdade. O mesmo ocorre em relação aos sacrifícios rituais.

Embora não seja exatamente um sacrifício, a lapidação de Éfeso mantém visivelmente relações estreitas com certo tipo de sacrifício bastante generalizado no mundo grego. O rito ao qual ela faz referência imediata é de fato tão próximo do que Filóstrato nos conta que somos tentados a recorrer a ele para definir o "milagre" de Apolônio: é o rito do *pharmakos*.

O mendigo de Apolônio lembra a espécie de homens que Atenas e as grandes cidades gregas alimentavam à própria custa para transformá-los, no momento adequado, em *pharmakoi*, ou seja, para assassiná-los coletivamente — por que recuar diante desse termo? — por ocasião das Targélias e outras festas dionisíacas. Antes de lapidar esses pobres-diabos, às vezes seu sexo era chicoteado, e eles eram submetidos a verdadeiras sessões de tortura ritual.

Ao escolher uma vítima que não seria chorada por ninguém, Apolônio não corre o risco de agravar as desordens que busca apaziguar, o que é uma grande vantagem. O mendigo lapidado apresenta todos os traços clássicos do *pharmakos*, que na verdade coincidem com os de todas as vítimas humanas nos ritos sacrificiais. Para não suscitar represálias, escolhiam-se nulidades sociais: sem-tetos, sem-

-famílias, aleijados, doentes, velhos abandonados, em suma, sempre seres dotados do que chamei, em *O bode expiatório*, de "traços preferenciais de seleção vitimária". Esses traços não variam muito de cultura a cultura. Sua fixidez contradiz o relativismo antropológico. Ainda hoje eles determinam os fenômenos ditos de "exclusão". Atualmente quem os possui não é mais massacrado, o que não deixa de constituir um progresso, embora precário e limitado.

É comum sugerir que os gregos da época clássica eram "civilizados demais" para se entregar ainda a ritos tão bárbaros quanto o do *pharmakos*. Esses ritos, repete-se sem qualquer prova de apoio, "devem ter caído rapidamente em desuso". Nossa lapidação milagrosa, meia dúzia de séculos após Sócrates e Platão, não confirma tão belo otimismo.

O culto dionisíaco é cheio de ritos ainda mais cruéis que o "milagre" de Apolônio, mas literalmente nós não os *vemos*... no sentido quase cinematográfico com que o relato de Filóstrato nos força a *ver* a lapidação de Éfeso. O piscar de olhos do mendigo, a crosta de pão na sua sacola, a compaixão inicial dos efésios, todos os detalhes concretos aumentam o poder evocador do texto de Filóstrato.

Seria tentador concluir que o acontecimento relatado, mesmo sendo real, seria excessivamente excepcional para figurar de maneira legítima em um debate sobre a violência nas religiões pagãs. Ao contrário, o relato de Filóstrato só é excepcional por seu realismo, seu relativo modernismo.

Os ritos de *pharmakos* supostamente purificavam as cidades gregas de seus miasmas, tornando-as mais harmoniosas, realizando, em suma, o tipo de milagre que Apolônio realiza com seu mendigo. Em período de crise, todas as culturas sacrificiais recorriam a ritos não previstos pelo calendário litúrgico normal. A lapidação do mendigo é um rito de *pharmakos* improvisado.

Fazendo lapidar o mendigo, Apolônio reproduz sobre uma vítima humana a violência unânime que a maioria dos sacrifícios só continuava reproduzindo, em sua época, com vítimas animais.

Também as representações teatrais enraízam-se na violência coletiva e são espécies de ritos, mas ainda mais purificados de sua violência que os sacrifícios animais, e mais ricos do ponto de vista cultural, pois são sempre, pelo menos indiretamente, meditações sobre a origem do religioso e da totalidade da cultura, fontes potenciais de saber, como demonstra Sandor Goodhart em seu *Sacrificing Commentary*.[*]

Mas o objetivo da tragédia é o mesmo que o dos sacrifícios. Trata-se sempre de produzir, entre os membros da comunidade, uma purificação ritual, a *catharsis* aristotélica, que não passa de uma versão intelectualizada ou "sublimada", como diria Freud, do efeito sacrificial original.

* * *

Na época em que ainda existiam ritos sacrificiais mais ou menos vivos, quando os etnólogos perguntavam às comunidades por que elas os observavam escrupulosamente, sempre obtinham a mesma dupla resposta.

---

[*] Sandor Goodhart, *Sacrificing Commentary*. Baltimore: Johns Hopkins University, 1996.

No dizer dos principais interessados, que talvez devam ser escutados, os sacrifícios são destinados: 1) a agradar aos deuses, que os ensinaram aos homens e 2) a consolidar ou restaurar, se for necessário, a ordem e a paz na comunidade.

Apesar da unanimidade dessas afirmações, os etnólogos nunca as levaram a sério. E penso ser esta a razão pela qual não resolveram o enigma dos sacrifícios. Para resolvê-lo, é preciso admitir que os sacrificadores diziam a verdade tal qual a compreendiam. Eles estavam muito mais próximos da verdadeira explicação de seus próprios ritos do que todos os especialistas contemporâneos.

Os sacrifícios sangrentos são tentativas de recalcar e moderar os conflitos internos das comunidades arcaicas reproduzindo com a maior precisão possível, à custa de vítimas que substituem a vítima original, violências reais que, num passado não determinável, mas de modo algum mítico, haviam realmente reconciliado essas comunidades, devido à sua unanimidade.

As divindades estão sempre misturadas aos sacrifícios, pois as violências coletivas que serão reproduzidas não se diferenciam daquelas que, precisamente por tê-los reconciliado, persuadiram os beneficiários de que suas vítimas são divinas.

Em suma, é sempre um "mecanismo vitimário" eficaz que serve de modelo aos sacrifícios e que é considerado divino por ter realmente posto fim a uma crise mimética, a uma epidemia de vinganças em cadeia que não se conseguia controlar.

A prova de que os sacrifícios são modelados segundo violências reais é que, embora sejam certamente diferentes em seus detalhes, eles possuem sempre os mesmos traços estruturais, e é o modelo da violência coletiva espontânea que visivelmente os inspira. As semelhanças entre os sistemas sacrificiais, de um lado a outro do planeta, são constantes demais e explicáveis demais para tornar verossímeis as concepções imaginárias ou psicopatológicas do sacrifício.

* * *

Para compreender como nascem os ritos, é preciso imaginar o estado de espírito de uma comunidade que, após longas desordens sangrentas, é libertada de seu mal graças a um imprevisto efeito de multidão. Podemos supor que reinava uma grande euforia nos primeiros dias ou meses que se seguiam a essa liberação. Infelizmente, esse período abençoado não durava para sempre. Os homens são feitos de tal maneira que sempre recaem em suas rivalidades miméticas. "É preciso que o escândalo aconteça", e ele acontece sempre, de início esporadicamente, e não se presta muita atenção a isso, mas ele logo prolifera. Não se pode mais negar a evidência: uma nova crise ameaça a comunidade.

Como evitar tal desastre? A comunidade não esqueceu o drama estranho e incompreensível que a tirou um dia do abismo no qual teme recair. Ela está plenamente grata à vítima misteriosa que no começo a mergulhou nesse desastre, mas que em seguida a salvou.

Refletindo sobre esses estranhos acontecimentos, chega-se à conclusão de que se eles se desenrolaram dessa forma, foi, sem dúvida, porque a vítima misteriosa assim o quis. Talvez essa divindade tenha organizado toda essa representação com o objetivo de incitar seus novos fiéis a reproduzirem-na e assim renovarem seus efeitos, para proteger-se no futuro contra um recrudescimento sempre possível de desordens miméticas. A ideia de que foram os deuses que ensinaram aos homens seus sacrifícios é universal e vemos facilmente o que a justifica.

Talvez a divindade deseje que esses sacrifícios sejam perpetuamente repetidos, para o bem de seus fiéis, talvez também para o seu próprio bem, porque ela se sente honrada com os ritos, ou talvez ainda porque ela se alimente de suas vítimas.

Não sabendo exatamente sobre o que repousa a virtude das violências coletivas, mas suspeitando talvez de que sua eficácia não seja apenas sobrenatural, as comunidades irão copiar sua experiência de unanimidade violenta de modo tão exato e completo quanto possível. Em caso de incerteza, melhor pecar por excesso do que por falta. Esse princípio explica por que numerosas comunidades incorporam a seus ritos a própria crise mimética, a crise que desencadeou o processo mimético de seleção da vítima original.

Em muitos ritos sacrificiais, tudo começa com um simulacro de crise mimética, realista e semelhante demais para ser inventado. Todos os subgrupos se provocam e se enfrentam simetricamente, mimeticamente. O modelo só pode ser a crise real, que desencadeou exatamente aquilo que se tenta reproduzir, a violência unânime contra a vítima.

Em resumo, para gerar seu próprio antídoto, a violência deve inicialmente se exasperar. É isso que compreendem, segundo todas as evidências, muitos sistemas sacrificiais. Portanto, eles julgam necessário reproduzir a crise sem a qual o mecanismo vitimário, talvez, não se desencadearia.

É por isso que tantos ritos, muito visivelmente destinados a restabelecer a ordem, não deixam de começar, de maneira paradoxal a nossos olhos, logicamente na perspectiva mimética, por um agravamento da desordem, por uma espetacular desorganização de toda a comunidade.

No entanto, por mais racional que ele seja por trás de seu aparente absurdo, esse procedimento não é universal. Muitos sistemas rituais não reproduziam a crise inicial. É fácil compreender a razão. Essa crise é um desencadeamento de violência mimética. Se ela for imitada de modo excessivamente realista, os riscos de uma perda total de controle são grandes, e muitas comunidades recusavam-se a assumi-los. Sem dúvida, elas especulavam que haveria sempre desordem suficiente para desencadear o mecanismo reconciliador, sem necessidade de se acrescentar um perigoso suplemento de violência.

Mesmo os ritos mais tumultuosos não reproduziam, em geral, a crise mimética em toda sua intensidade e duração. Quase sempre bastava uma versão resumida e acelerada da desordem. Em resumo, não era preciso lançar-se ao fogo para evitar se queimar.

Compreendemos por que, quase em toda parte, os sacrificadores consideravam seus sacrifícios ações temíveis. Eles não ignoravam que a "boa violência", aquela que ao invés de intensificar mais a violência coloca-lhe um fim, é a violência unânime. Eles tampouco ignoravam que o motor da unanimidade é o mais exasperado mimetismo, necessariamente o mais perigoso enquanto não atingir a unanimidade. Daí a ideia, universal em seu princípio, de que a atividade ritual é extremamente perigosa. Para diminuir esse risco, havia todo um esforço de reproduzir o modelo tão exata e meticulosamente quanto possível.

É essa preocupação com a exatidão que sugeriu aos psicólogos e psicanalistas todas as suas explicações falaciosas em termos de "neuroses", "fantasmas" e outros "complexos" de que tanto gostam. É evidente, aos olhos da maioria dos modernos, que a religião é um fenômeno psicopatológico. Para dissipar essas ilusões é preciso identificar a ação real que os sacrificadores reproduziam, a violência reconciliadora, por ser espontaneamente unânime. Como esse modelo é realmente temível, os sacrificadores tinham razão em temer sua reprodução.

Na temporalidade dos ritos, inevitavelmente chega o momento em que as inúmeras repetições "desgastam" o efeito sacrificial. O terror que seus próprios sacrifícios inspiram a esses aprendizes de feiticeiros, que os sacrificadores nunca deixam de ser, acaba por se dissipar. Ele só sobrevive sob a forma de comédias de terror destinadas a impressionar os não iniciados, as mulheres e as crianças.

Inúmeros indícios teóricos, textuais, arqueológicos sugerem que nos primeiros tempos da humanidade as vítimas eram principalmente humanas. Com o passar do tempo, os animais foram substituindo cada vez mais os homens, mas quase em toda parte as vítimas animais eram consideradas menos eficazes que as vítimas humanas.

Em caso de perigo extremo, na Grécia clássica, voltava-se às vítimas humanas. Se acreditarmos em Plutarco, na véspera da batalha de Salamina, Temístocles, sob pressão da multidão, mandou sacrificar prisioneiros persas.

Seria isso muito diferente do milagre de Apolônio?

VII

O ASSASSINATO FUNDADOR

POR TRÁS DA Paixão de Cristo, por trás de alguns dramas bíblicos, por trás de inúmeros dramas míticos identificamos o mesmo processo de crise e de resolução fundado sobre o mal-entendido da vítima única, o mesmo "ciclo mimético".

Quando examinamos os grandes relatos de origem e os mitos fundadores, percebemos que eles próprios proclamam o papel fundamental e fundador da vítima única e de seu assassinato unânime. A ideia está presente por toda parte.

Na mitologia suméria, é do corpo de uma vítima única, Ea, Tiamat, Kingu, que surgem as instituições culturais. Mesma coisa na Índia: é o dilaceramento da vítima primordial, Purusha, por uma multidão de sacrificadores que gera o sistema das castas. Encontramos mitos análogos no Egito, na China e, principalmente, entre os povos germânicos.

O poder criador do assassinato concretiza-se muitas vezes na importância dada aos fragmentos da vítima. Considera-se que cada um deles produz uma instituição particular, um clã totêmico, uma subdivisão territorial, ou ainda o vegetal ou o animal que fornece à comunidade seu alimento principal.

O corpo da vítima é às vezes comparado a uma semente que deve se decompor para germinar, e essa germinação é inseparável da restauração do sistema cultural prejudicado pela crise precedente ou da criação de um sistema inteiramente novo, que aparece com frequência como o primeiro a ter sido engendrado, como uma espécie de invenção da humanidade. "Se o grão não morrer antes de ser semeado, ele permanecerá só, mas se ele morrer dará muitos frutos."

Os mitos que afirmam o papel fundador do assassinato são tão numerosos que mesmo um mitólogo tão pouco afeito a generalizações quanto Mircea Eliade julgava necessário levá-lo em conta. Em seu *História das crenças e das ideias religiosas*,[*] ele fala de um *assassinato* criador comum a numerosos relatos de origem e mitos fundadores em todo o planeta. Temos aí um tema cuja frequência visivelmente surpreende o mitólogo, de algum modo um fenômeno "transmitológico", mas, fiel à sua prática puramente descritiva, que eu saiba Mircea Eliade nunca sugeriu a explicação universal que me parece possível dar-lhe.

★ ★ ★

A doutrina do assassinato fundador não é apenas mítica, mas bíblica. No Gênesis, ela se encontra no assassinato de Abel por seu irmão, Caim. O relato desse assassinato não é um mito fundador, mas a interpretação bíblica de todos os mitos fundadores. Ela nos conta a fundação sangrenta da primeira cultura e as consequências dessa fundação, que constituem o primeiro ciclo mimético representado na Bíblia.

---

[*] Mircea Eliade, *Histoire des croyances et des idées religieuses*. Paris: Payot, 1978, p. 84.

Como Caim procede para fundar a primeira cultura? O texto não coloca tal questão, mas responde implicitamente a ela pelo simples fato de limitar-se a dois temas: o primeiro é o assassinato de Abel, o segundo é a atribuição a Caim da primeira cultura que se situa claramente no prolongamento direto do assassinato, e que, na verdade, não se diferencia das consequências não vingativas, mas rituais, desse assassinato.

Sua violência inspira aos assassinos um temor saudável. Ela os faz compreender a natureza contagiosa dos comportamentos miméticos e também vislumbrar possibilidades desastrosas para o futuro: agora que matei meu irmão, diz Caim, "o primeiro que me encontrar me matará" (Gênesis 4, 14).

Essa expressão — "o primeiro que me encontrar me matará" — mostra claramente que a raça humana, nesse momento, não se limita a Caim e a seus genitores, Adão e Eva. A palavra Caim designa a primeira comunidade reunida pelo primeiro assassinato fundador. Pois há muitos assassinos potenciais e é preciso impedi-los de matar.

O assassinato ensina ao(s) assassino(s) uma espécie de sabedoria, uma prudência que modera sua violência. Aproveitando-se da calmaria, Deus promulga a primeira lei contra o assassinato: "Quem matar Caim será vingado sete vezes" (Gênesis 4, 15).

A fundação da cultura cainita é essa primeira lei contra o assassinato: cada vez que um novo assassinato ocorrer, serão imoladas sete vítimas em honra da vítima original: Abel. Mais que o caráter esmagador da retribuição, é a natureza ritual da séptupla imolação que restabelece a paz, é seu enraizamento na calmaria suscitada pelo assassinato original, é a comunhão unânime da comunidade na lembrança desse assassinato.

A lei contra o assassinato não é nada além da repetição do assassinato. O que a distingue da vingança selvagem é mais seu espírito que sua natureza intrínseca. Em vez de uma repetição vingadora, que suscitaria novos vingadores, é uma repetição ritual, sacrificial, uma repetição da unidade forjada na unanimidade, uma cerimônia da qual participa toda a comunidade. Por mais tênue e precária que pareça ser a diferença entre repetição ritual e repetição vingadora, ela não deixa de ter uma enorme importância, sendo prenhe de todas as posteriores diferenciações. Ela é a invenção da cultura humana.

É preciso evitar ler na história de Caim uma "confusão" entre o sacrifício e a pena de morte, como se as duas instituições existissem previamente à sua invenção. A lei que surge da pacificação suscitada pelo assassinato de Abel é a matriz comum de todas as instituições. Ela é fruto do assassinato de Abel apreendido em seu papel fundador. O assassinato coletivo torna-se fundador por meio de suas repetições rituais.

Não é a pena capital somente, a lei contra o assassinato, que deve ser concebida como uma domesticação e limitação da violência selvagem pela violência ritual, mas todas as grandes instituições humanas.

Como observa James Williams, o "sinal de Caim é o sinal da civilização. É o sinal do assassino protegido por Deus".*

---

* *The Bible, Violence and the Sacred.* São Francisco: Harper, 1991, p. 185.

★ ★ ★

A ideia do assassinato fundador encontra-se uma vez mais nos Evangelhos. Ela é pressuposta por duas passagens paralelas em Mateus e Lucas que descrevem uma série de assassinatos análogos à Paixão, remontando à "fundação do mundo".

Mateus menciona "assassinatos de todos os profetas desde a fundação do mundo". Lucas traz uma precisão suplementar: "desde Abel, o Justo." O último elo dessa cadeia é a Paixão, que se assemelha a todos os assassinatos anteriores. É a mesma estrutura de arrebatamento mimético e de mecanismo vitimário.

A alusão de Lucas ao assassinato de Abel é importante por duas razões pelo menos. A primeira é que ela deveria desacreditar de uma vez por todas a tese excessivamente restrita que transforma as observações evangélicas sobre os assassinatos dos profetas, sobre ataques contra o povo judeu, em manifestações de "antissemitismo".

Como o povo judeu não existia na época de Caim e Abel, e como Abel é considerado o primeiro dos profetas coletivamente assassinados, esses assassinatos de profetas evidentemente não podem ter sido ações apenas do povo judeu, e não é para atacar seus compatriotas que Jesus insiste nessas violências. Sua intenção, como sempre, tem uma significação humana de âmbito universal.

A segunda razão que torna a alusão a Abel muito importante, no contexto da "fundação do mundo", é que ela constitui uma retomada do que o Gênesis diz na história de Caim, uma adoção deliberada da tese que acabo de expor, ou seja, que a primeira cultura humana enraíza-se num primeiro assassinato coletivo, um assassinato análogo à crucificação.

O que mostra que as coisas se passaram exatamente assim é a expressão comum a Mateus e a Lucas, "desde a fundação do mundo". O que se produz desde a fundação do mundo, ou seja, desde a fundação violenta da primeira cultura, são assassinatos sempre análogos à crucificação, assassinatos fundados sobre o mimetismo, consequentemente, assassinatos fundadores, em razão do mal-entendido a respeito da vítima, causado pelo mimetismo.

As duas frases sugerem que a cadeia de assassinatos é extremamente longa, já que remonta à fundação da primeira cultura. Esse tipo de assassinato, comum ao assassinato de Abel e à crucificação, desempenha um papel fundador em toda a história humana. Não é por acaso que os Evangelhos relacionam esse assassinato com a *katabolês kosmou*, a fundação do mundo. Mateus e Lucas sugerem que o assassinato tem um caráter fundador, que o primeiro assassinato e a fundação da primeira cultura são inseparáveis.

Existe no Evangelho de João uma frase equivalente às de Mateus e Lucas, e ela confirma a interpretação que acabo de dar. É a frase que se encontra no centro do grande discurso de Jesus sobre o diabo, já comentada no capítulo III. Também ela é uma definição do que Mircea Eliade chama de assassinato criador:

Desde a origem [o diabo] foi homicida.

A palavra para origem, início, começo, é *archè*. Ele não pode se relacionar à criação *ex nihilo*, que, sendo completamente divina, não pode ser acompanhada de violência. Ela se relaciona necessariamente à primeira cultura humana. Portanto, a palavra *archè* tem o mesmo sentido que *katabolês kosmou* nos Evangelhos sinóticos: trata-se da fundação da primeira cultura.

Se a relação do assassinato com o começo fosse fortuita, se ela significasse simplesmente que, desde que os homens apareceram sobre a terra, Satanás os incitou ao assassinato, João não mencionaria a palavra "origem" a respeito do primeiro assassinato. Nem Mateus nem Lucas aproximariam a fundação do mundo e o assassinato de Abel.

Essas três frases, as de Mateus e Lucas de um lado, a de João de outro, significam a mesma coisa: elas assinalam que entre a origem e o primeiro assassinato coletivo existe uma relação que não é fortuita. O assassinato e a origem são inseparáveis. Se o diabo é homicida *desde* a origem, isso significa que ele também o é na sequência dos tempos. Cada vez que uma cultura aparece, é por esse mesmo tipo de assassinato que ela começa. Temos então uma sequência de assassinatos completamente análogos à Paixão, e a todos os fundadores. Se o primeiro encontra-se na origem da primeira cultura, os seguintes devem ser a origem das culturas subsequentes.

Tudo isso está perfeitamente de acordo com aquilo que aprendemos páginas atrás sobre Satanás, ou o diabo, ou seja, que ele é uma espécie de personificação do "mau mimetismo", tanto em seus aspectos conflituosos e desagregadores quanto em seus aspectos reconciliadores e unificadores. Satanás, ou o diabo, é alternadamente aquele que fomenta a desordem, o semeador de escândalos e aquele que, no paroxismo das crises que ele mesmo provocou, coloca brus-camente um fim a elas, expulsando a desordem. Satanás expulsa Satanás por meio das vítimas inocentes que ele sempre consegue condenar. Como é o mestre do mecanismo vitimário, Satanás é também o mestre da cultura humana que não tem outra origem além do assassinato. Em última análise, é o diabo, ou, em outras palavras, o mau mimetismo, que se encontra na origem não somente da cultura cainita, mas de todas as culturas humanas.

$$\star \star \star$$

Como a ideia do assassinato fundador deve ser interpretada? Como tal ideia poderia se concretizar, como ela poderia deixar de parecer fantasiosa e mesmo absurda?

Sabemos que o assassinato age como uma espécie de calmante, de tranquilizante, pois os assassinos, ao saciarem seu apetite de violência sobre uma vítima na realidade não pertinente, estão muito sinceramente persuadidos de terem livrado sua comunidade do responsável por seus males. Mas essa ilusão, por si só, não é suficiente para justificar a crença na virtude fundadora desse assassinato, crença que, como acabamos de constatar, é comum não somente a todos os grandes mitos fundadores, mas também ao Gênesis e, finalmente, aos Evangelhos.

A interrupção temporária da crise não é suficiente para explicar a crença de tantas religiões no poder fundador do assassinato coletivo, no seu poder não somente de fundar comunidades, mas também de garantir-lhes uma organização duradoura e relativamente estável. O efeito reconciliador desse assassinato, por mais saneador que seja, não conseguiria se prolongar por gerações. Por si só, o assassinato não consegue gerar e perpetuar as instituições culturais.

Existe uma resposta satisfatória à questão que acabei de colocar. Para descobri-la, parece evidente recorrer à primeira de todas as instituições humanas após o assassinato coletivo, ou seja, à repetição ritual desse assassinato. Vamos nos interrogar rapidamente sobre o modo pelo qual se coloca, parece-me, a questão da origem das instituições culturais e das sociedades humanas.

Desde a época do Iluminismo, essa questão é definida em termos ditados pelo racionalismo mais abstrato. Os primeiros homens são concebidos como pequenos Descartes no isolamento de seus quartos aconchegantes, afirmando-se que eles conceberam de modo abstrato, puramente teórico para começar, as instituições que desejavam se proporcionar. Passando em seguida da teoria à prática, esses primeiros homens teriam realizado seu projeto institucional. Portanto, nenhuma instituição pode existir sem uma *ideia prévia* que guie sua elaboração prática. É essa ideia que determinaria as culturas reais.

Se as coisas tivessem realmente acontecido dessa forma, a religião não teria desempenhado qualquer papel na gênese das instituições. E, efetivamente, no contexto racionalista que ainda é o da etnologia clássica, a religião não desempenha qualquer papel, não serve absolutamente para nada. Só pode ser supérflua, superficial, acrescentada; em outras palavras, uma superstição.

Como explicar então a presença universal dessa religião perfeitamente inútil no coração de todas as instituições?

Quando essa questão é colocada num contexto racionalista, só existe uma resposta verdadeiramente lógica, que é aquela de Voltaire: a religião deve ter *parasitado* do exterior as instituições realmente úteis. Foram os sacerdotes "espertos e ávidos" que as inventaram, para explorar em seu proveito a credulidade do bom povo.

Em nossa época, tentamos nuançar um pouco o simplismo dessa expulsão racionalista da religião, mas, no que diz respeito ao essencial, ela continua necessariamente a dominar a antropologia contemporânea. Não é possível repudiá-la abertamente sem transformar a onipresença dos ritos nas instituições humanas em um temível ponto de interrogação.

As ciências sociais modernas são essencialmente antirreligiosas. Se a religião não é uma espécie de erva daninha, de capim irritante, mas insignificante, para que nos serviria? Como ela permanece sendo, durante toda a história, o elemento imutável nas instituições diversas e cambiantes, não se pode renunciar à pseudossolução que faz dela um puro nada, um parasita insignificante, a roda sobressalente de todas as carroças, sem nos confrontarmos com a possibilidade inversa, extremamente desagradável para a antirreligiosidade moderna, a que faria dela o núcleo de qualquer sistema social, a verdadeira origem e a forma primitiva de todas as instituições, o fundamento universal da cultura humana.[*]

Essa solução é ainda mais difícil de ser recusada pelo fato de que, desde a época de ouro do racionalismo, conhece-

---

[*] Sobre a estranha "alergia" da pesquisa moderna a todas as formas de sagrado, ver: a admirável reflexão de Bandera no início da seguinte obra: Cesareo Bandera, *The Sacred Game, The Role of The Sacred in the Genesis of Modern Literary Fiction*. Pensilvânia: University Park, The Pennsylvania University Press, 1994.

mos melhor as sociedades arcaicas e, em muitas delas, é impossível não constatar que as instituições que o Iluminismo considerava indispensáveis à humanidade não existem — em seu lugar, só existem ritos sacrificiais.

Em relação aos ritos, podemos distinguir, *grosso modo*, três tipos de sociedades. Existe, em primeiro lugar: 1) uma sociedade em que o rito não é mais nada ou quase mais nada, e essa é a sociedade contemporânea, a nossa sociedade.

Há em seguida, ou melhor, havia em outros tempos 2) sociedades em que o rito acompanha de alguma maneira e reitera todas as instituições. É aqui que o rito parece ter sido anexado a instituições que não precisam dele. As sociedades antigas e, em outro sentido, a sociedade medieval, pertencem a esse tipo. É esse tipo, falsamente considerado universal pelo racionalismo, que sugeriu a tese da religião parasitária.

Existem, enfim, 3) as sociedades "muito arcaicas" e que não possuem instituições no sentido em que as conhecemos, mas que sempre têm ritos. Elas não possuem outras instituições além dos ritos.

Os velhos etnólogos viam as sociedades arcaicas como as menos evoluídas, as mais próximas das origens e, apesar de tudo que se disse para desacreditar essa tese, ela não peca por falta de bom senso. Entretanto, é impossível adotá-la sem sermos irresistivelmente levados a pensar que não somente o sacrifício desempenha um papel essencial nas primeiras épocas da humanidade, mas que ele até poderia ser o motor de tudo o que nos parece especificamente humano no homem, de tudo que o distingue dos animais, de tudo que nos permite substituir o instinto animal pelo desejo propriamente humano, o desejo mimético. Se o devir humano é, entre outras coisas, a aquisição do desejo mimético, fica evidente que os homens não podem dispensar, para começar, instituições sacrificiais que recalcam e moderam o tipo de conflito inseparável da hominização.

Como muitos observadores já constataram, nas sociedades exclusivamente rituais as sequências sacrificiais já desempenham, até certo ponto, o papel que mais tarde será atribuído a todas as instituições que costumamos definir a partir de sua função racionalmente concebida.

Apenas um exemplo, os sistemas de educação: no mundo arcaico eles não existem, mas os ritos ditos de passagem ou de iniciação desempenham um papel que prefigura o deles. Os jovens não são introduzidos sorrateiramente em suas próprias culturas, mas entram nelas por meio de procedimentos sempre solenes, envolvendo toda a comunidade. Esses ritos, frequentemente chamados "de passagem", incluem "provas" muitas vezes penosas, que evocam irresistivelmente nossos exames ditos "de passagem", nossas "provas" de fim de curso etc. A observação dessas analogias é a mais banal possível.

Os ritos ditos de passagem ou de iniciação são fundados, como todos os ritos, sobre o sacrifício, sobre a ideia de que qualquer mudança radical é uma espécie de ressurreição enraizada na morte que a precede e é a única a poder mobilizar novamente a potência vital.

Numa primeira fase, que é a da "crise", os postulantes morriam, de algum modo, para sua infância, e na segunda fase eles ressuscitavam, capazes, a partir de então, de ocupar o lugar que lhes cabia no mundo dos adultos. Em certas comunidades, de vez em quando um dos postulantes não ressuscitava e não saía vivo da prova ritual, o que era considerado um bom augúrio para todos os outros postulantes. Via-se nessa morte um reforço providencial da dimensão sacrificial do processo iniciático.

Dizer que esses ritos "substituem" nossos sistemas de educação e outras instituições seria colocar a carroça na frente dos bois. São as instituições modernas que, segundo toda a evidência, substituem os ritos, depois de terem longamente coexistido com eles.

Tudo sugere que os ritos sacrificiais são os primeiros em todos os domínios, em toda a história real da humanidade. Existem ritos de execução capital, a lapidação do Levítico, por exemplo, ritos de morte e de nascimento, ritos matrimoniais, ritos de caça e de pesca nas sociedades que se dedicam a essas atividades, ritos agrícolas nas sociedades que praticam a agricultura etc.

Tudo que chamamos de "nossas instituições culturais" deve se referir, originalmente, a comportamentos rituais tão bem-polidos pelos anos que perdem todas as conotações religiosas, definindo-se então pela relação ao tipo de "crise" que eles são destinados a resolver.

De tanto serem repetidos, os ritos se modificam e se transformam em práticas que parecem elaboradas apenas pela razão humana, quando na realidade derivam da religiosa. Os ritos encontram-se sempre oportunamente, onde há uma crise a ser resolvida, e com razão. Para começar, os sacrifícios não passam de uma resolução espontânea, pela violência unânime, de todas as coisas que se apresentam inopinadamente na existência coletiva.

Eu via Satanás cair como um relâmpago | 139

Essas crises são não somente as discordâncias miméticas, mas a morte e o nascimento, as mudanças de estação, as carestias, os desastres de todo tipo, e ainda mil outras coisas que, justa ou injustamente, inquietam os povos arcaicos; e é sempre recorrendo ao sacrifício que as comunidades tentam acalmar suas angústias.

* * *

Por que certas culturas enterram suas vítimas em amontoados de pedras às quais com frequência dão uma forma piramidal? Para explicar tal costume, podemos considerá-lo um subproduto das lapidações rituais. Lapidar uma vítima é recobrir seu corpo de pedras. Quando são lançadas muitas pedras sobre um ser vivo, não somente ele morre, mas essas pedras assumem, de modo completamente natural, a forma troncônica do *tumulus* encontrada, mais ou menos geometrizada, nas pirâmides sacrificiais ou funerárias de inúmeros povos, começando pelos egípcios, entre os quais o túmulo tem a forma de uma pirâmide truncada, e apenas mais tarde terminada em ponta. O túmulo é inventado a partir do momento em que o costume de recobrir os cadáveres de pedras difunde-se na ausência de qualquer lapidação.

Como conceber a origem ritual do poder político? Por meio daquilo que chamamos de realeza sagrada, que também deve ser pensada como uma modificação, ínfima em princípio, do sacrifício ritual.

Para fabricar um rei sagrado, escolham uma vítima inteligente e autoritária. Em vez de sacrificá-la imediatamente, adiem sua imolação, coloquem-na para cozinhar em fogo baixo, no caldo das rivalidades miméticas. A autoridade religiosa que lhe confere seu sacrifício futuro vai lhe permitir não exatamente "tomar" um poder que ainda não existe, mas, literalmente, forjá-lo. A veneração inspirada por seu sacrifício vindouro se transforma pouco a pouco em poder "político".*

Podemos comparar a dimensão propriamente religiosa a uma substância materna, a uma placenta original da qual os ritos se livram com o tempo para transformar-se em instituições desritualizadas. As repetições dos sacrifícios são as numerosas lambidas da ursa em sua progenitura mal lambida.

O verdadeiro guia da humanidade não é a razão desencarnada, mas o rito. Numerosas repetições modelam pouco a pouco as instituições que os homens acreditarão mais tarde terem sido inventadas *ex nihilo*. Na verdade, foi a religião que as inventou para eles.

As sociedades humanas são obra dos processos miméticos disciplinados pelo rito. Os homens sabem muito bem que não dominam suas rivalidades miméticas por seus próprios meios. É por isso que eles atribuem tal domínio a suas vítimas, que consideram como divindades. Em uma perspectiva puramente positiva, estão errados; num sentido mais profundo têm razão. A humanidade, acredito, é filha da religião.

★ ★ ★

---

* Sobre a questão das realezas sagradas em geral, e mais particularmente no Sudão, ver: Simon Simonse, *Kings of Disaster*. Leiden: E.J. Brill, 1992.

Nossas instituições devem ser o desfecho de um longo processo de secularização inseparável de uma espécie de "racionalização" e de "funcionalização". Há muito tempo a pesquisa moderna teria sido capaz de identificar sua verdadeira gênese, se não estivesse desfavorecida por sua hostilidade, no fundo irracional, em relação ao religioso.

É preciso considerar a possibilidade de que todas as instituições, e consequentemente a própria humanidade, sejam modeladas pela religião. De fato, para escapar do instinto animal e aceder ao desejo com todos seus riscos de conflitos miméticos, o homem precisa disciplinar seu desejo, e a única forma de fazê-lo é por meio de sacrifícios. A humanidade sai da religião arcaica por intermédio dos "assassinatos fundadores" e dos ritos deles decorrentes.

A vontade moderna de minimizar a religião poderia ser, paradoxalmente, o vestígio supremo da própria religião sob sua forma arcaica, que consiste, em primeiro lugar, em se manter a uma distância respeitosa do sagrado, um último esforço para dissimular o que está em jogo em todas as instituições humanas, isto é, evitar a violência entre os membros de uma mesma comunidade.

A ideia do assassinato fundador é vista como uma invenção bizarra, uma aberração recente, um capricho de intelectuais modernos, alheios tanto à razão quanto às realidades culturais. E, no entanto, essa ideia é comum a todos os grandes relatos de origem, à Bíblia hebraica e, finalmente, aos Evangelhos. Ela é mais verossímil que todas as teses modernas sobre a origem das sociedades, que se remetem todas a uma forma ou outra do mesmo absurdo inextirpável, o "contrato social".

Para reabilitar a tese religiosa do assassinato fundamental e torná-la cientificamente plausível, basta acrescentar a esse assassinato os efeitos cumulativos dos ritos, levando em conta sua plasticidade, num período de tempo extremamente longo.

A ritualização do assassinato é a primeira instituição e a mais fundamental, a mãe de todas as outras, o momento decisivo na invenção da cultura humana.

A força da hominização é a repetição dos sacrifícios num espírito de colaboração e de harmonia ao qual eles devem sua fecundidade. Essa tese atribui à antropologia a dimensão temporal que lhe falta, e está de acordo com todas as religiões no que diz respeito às origens das sociedades.

A partir do momento em que a criatura pré-humana ultrapassou um certo umbral de mimetismo e que os mecanismos animais de proteção contra a violência desmoronaram (*dominance patterns*, padrões de dominância), os conflitos miméticos devem ter se alastrado fulminantemente entre os homens, mas esses mecanismos logo produziram seu antídoto, suscitando mecanismos vitimários, divindades e ritos sacrificiais que não somente moderaram a violência no interior dos grupos humanos, mas também canalizaram suas energias em direções positivas, humanizadoras.

Como nossos desejos são miméticos, eles se assemelham, e se reúnem em sistemas de oposição obstinados, estéreis e contagiosos. São os escândalos. Multiplicando-se e concentrando-se, os escândalos mergulham as comunidades em crises que se exasperam cada vez mais, até o instante paroxístico em que a polarização unânime contra uma vítima única produz o escândalo universal, o "abscesso de fixação", que aplaca a violência e recompõe o conjunto descomposto.

A exasperação das rivalidades miméticas teria impedido as sociedades humanas de se constituírem, em seu paroxismo, ela não tivesse produzido o próprio remédio; em outras palavras, se o mecanismo vitimário ou mecanismo do bode expiatório não tivesse feito sua intervenção. Portanto, é necessário que esse mecanismo — do qual hoje, a nosso redor, vemos apenas vestígios atenuados — tenha reconciliado verdadeiramente as comunidades, dotando-as de uma ordem ritual e a seguir institucional, que lhe garanta a permanência no tempo, além de uma relativa estabilidade. Sim, as sociedades humanas devem ser filhas da religião. O próprio *Homo sapiens* deve ser o filho de formas ainda rudimentares do processo que acabo de descrever.

VIII

As potestades e os principados[*]

O CAPÍTULO PRECEDENTE mostrou que a Bíblia e os Evangelhos estão essencialmente de acordo com os mitos para atribuir a fundação e o desenvolvimento das sociedades humanas aos efeitos cumulativos dos "mecanismos vitimários" e dos ritos sacrificiais.

Devido a sua origem violenta, *satânica* ou *diabólica*, os Estados soberanos no interior dos quais o cristianismo surgiu são alvo, da parte dos cristãos, de uma desconfiança muito grande, e para nomeá-los, em vez de recorrer a seus nomes habituais, em vez de falar do Império Romano, por exemplo, ou da tetrarquia herodiana, o Novo Testamento apela, o mais das vezes, a um vocabulário específico, o das "potestades e dos principados".

Se examinarmos os textos evangélicos e neotestamentários em que se trata das potestades, constataremos que, implícita ou explicitamente, estas são associadas ao tipo de violência coletiva às quais me refiro todo o tempo, e é muito compreensível se minha tese for exata: essa violência é o mecanismo fundador dos Estados soberanos.

---

[*] Mantivemos a fórmula consagrada "potestades e principados", ainda que a versão brasileira da Bíblia de Jerusalém fale em "magistrados e autoridades" (Epístola a Tito 3, 1-2). (Nota do Revisor Técnico)

No início dos Atos dos Apóstolos, Pedro aplica à Paixão uma frase do segundo salmo: *"Todos os reis da terra se uniram para fazer perecer o ungido do Senhor, o messias enviado por Deus."* Não devemos concluir dessa citação que Pedro toma ao pé da letra a ideia de uma participação "de todos os reis deste mundo" na crucificação. Ele sabe perfeitamente que a Paixão não atraiu a atenção do mundo inteiro, pelo menos não ainda. Ele não está exagerando a importância propriamente histórica desse acontecimento. A citação significa que, para além do incidente seguramente menor, Pedro identifica uma relação muito especial da Cruz com as potestades em geral, pois todas elas se enraízam em assassinatos coletivos análogos ao de Jesus.

Sem ser a mesma coisa que Satanás, as potestades são todas suas tributárias, pois são todas tributárias dos falsos deuses gerados por Satanás, ou seja, pelo assassinato fundador. Portanto, não se trata aqui de religião no sentido puramente individual em que é entendida pelos modernos, nem da crença estritamente pessoal à qual o mundo moderno se esforça para reduzir a religião. O que se encontra em causa são os fenômenos sociais gerados pelo assassinato fundador.

O sistema das potestades, com Satanás por trás dele, é um fenômeno material, positivo, e simultaneamente espiritual, religioso num sentido muito particular, ao mesmo tempo eficaz e ilusório. É a religião mentirosa que protege os homens da violência e do caos por meio dos ritos sacrificiais. Esse sistema enraíza-se numa ilusão, mas sua ação no mundo é real à medida que a falsa transcendência pode ser obedecida.

O que espanta é o grande número de apelações que os autores do Novo Testamento inventam para designar certas entidades equívocas. Ora elas são ditas potências "deste mundo", ora, ao contrário, potestades "celestes" e também "soberanias", "tronos", "dominações", "príncipes do império do ar", "elementos do mundo", "arcontes", "reis", "príncipes deste mundo" etc.

Por que um vocabulário tão vasto e, em aparência, tão heterogêneo? Logo constatamos, ao examiná-los, que essas apelações dividem-se em dois grupos. Expressões como "potências *deste mundo*", "reis *da terra*", "principados" etc. afirmam o caráter terrestre, sua realidade, aqui embaixo, em nosso mundo. Expressões como "príncipes do império do ar", "potências *celestes*" etc. insistem, ao contrário, na natureza não terrestre, espiritual, dessas entidades.

Trata-se certamente das mesmas entidades nos dois casos. As potências ditas celestes não se distinguem em nada das potências deste mundo. Por que dois grupos de apelações? Seria porque os autores do Novo Testamento não sabem exatamente o que querem dizer? Penso, ao contrário, que é por saberem bem demais que eles oscilam constantemente entre as duas terminologias.

Esses autores têm uma consciência aguda da natureza dupla e ambígua daquilo que falam. O que eles procuram definir são as combinações de potência material e de potência espiritual, que são as soberanias enraizadas no assassinato coletivo.

Tais autores desejariam nomear do modo mais rápido e econômico possível essa realidade complexa. Penso que se eles multiplicam as fórmulas, é porque os resultados que obtêm não os satisfazem.

Dizer que as potestades são mundanas significa insistir em sua realidade concreta neste mundo de baixo. Significa ressaltar uma dimensão essencial, mas em detrimento da outra, a religiosa, que, embora ilusória, repito, tem efeitos demasiadamente reais para serem escamoteados.

Dizer que as potestades são "celestes" significa insistir, ao contrário, em sua dimensão religiosa, no prestígio sempre um pouco sobrenatural desfrutado pelos tronos e os soberanos entre os homens, mesmo em nossos dias. Isso pode ser observado no espírito cortesão que reina junto a nossos governos, por menos impressionantes que sejam. Esse segundo vocabulário inevitavelmente apaga tudo que o primeiro ressalta, e vice-versa.

Como definir em uma palavra o paradoxo de organizações bastante reais, mas enraizadas em uma transcendência irreal e, no entanto, eficaz? Se as potências têm muitos nomes, é em razão desse paradoxo constitutivo, dessa dualidade interna que a linguagem humana não consegue dizer de modo simples e unívoco.

A linguagem humana nunca assimilou o que diz aqui o Novo Testamento e, consequentemente, não dispõe dos recursos necessários para expressar a potência de reunião que a falsa transcendência possui no mundo real, material, apesar de sua falsidade, de sua natureza imaginária.

Por não compreender o problema que os autores do Novo Testamento enfrentam, os modernos leem facilmente no tema das potências toda a superstição, todo o pensamento mágico que desejam encontrar nos Evangelhos.

★ ★ ★

Ainda que sejam sempre associadas a Satanás, ainda que repousem sobre a transcendência de Satanás, as potestades são suas tributárias, mas não são satânicas no mesmo sentido que ele.

Longe de tentar se fusionar com a falsa transcendência, longe de aspirar à união mística com Satanás, os ritos se esforçam por manter esse temível personagem a distância, conservando-o fora da comunidade.

Portanto, não podemos qualificar as potestades simplesmente como "diabólicas" e, sob o pretexto de que elas seriam "más", não devemos desobedecê-las sistematicamente. É a transcendência sobre a qual elas repousam que é diabólica. De fato, as potências nunca são estrangeiras a Satanás, mas não devem ser condenadas cegamente, e num mundo estrangeiro ao Reino de Deus elas são indispensáveis para a manutenção da ordem. Isso explica a atitude da Igreja a respeito delas. Se as potestades existem, diz são Paulo, é por terem um papel a desempenhar, e por serem autorizadas por Deus. O apóstolo é realista demais para lançar-se numa guerra contra as potestades. Ele recomenda aos cristãos que as respeitem e até as honrem enquanto elas não lhes exigirem algo contrário à verdadeira fé.

★ ★ ★

O Império Romano é uma potestade. Ele é, aliás, a potestade por excelência no universo em que surgiu o cristianismo. Ele deve então repousar sobre um assassinato fundador, um assassinato coletivo análogo à Paixão, uma espécie de "linchamento". À primeira vista, essa doutrina parece inverossímil, absurda. Dizem que a fundação do império é recente demais, artificial demais para poder ser relacionada a uma questão tão arcaica quanto nosso "assassinato fundador".

E no entanto... Conhecemos bastante bem os desenvolvimentos históricos que desembocaram na fundação do Império Romano, e somos obrigados a constatar que eles coincidem admiravelmente com a ideia evangélica desse tipo de fundação.

Todos os imperadores sucessivos haurem sua autoridade da virtude sacrificial que emana de uma divindade cujo nome eles carregam, o primeiro César, assassinado por numerosos assassinos. Em consequência, como toda monarquia sagrada, o império repousa sobre uma vítima coletiva divinizada. Há nisso algo de tão espantoso, de tão impressionante, que é impossível tratar-se de uma simples coincidência. Shakespeare, que não era um neófito nesse domínio, recusou-se a isso.

Ao invés de minimizar esse dado fundador, em vez de considerá-lo uma medíocre propaganda política, como fazem tantos historiadores modernos, o dramaturgo — sem dúvida por possuir uma consciência aguda dos processos miméticos e do modo pelo qual eles se resolvem, e, é claro, também por ser um leitor incomparável da Bíblia — centrou seu *Júlio César* no assassinato do herói, e definiu de modo muito explícito as virtudes fundadoras e sacrificiais de um acontecimento que ele associa e opõe à sua contrapartida republicana, a expulsão violenta do último rei de Roma.

Uma das passagens mais reveladoras é a explicação do sonho sinistro que César tem na noite que precede seu assassinato: o intérprete anuncia explicitamente o caráter fundador, ou melhor, refundador, desse acontecimento:*

> Vossa estátua a jorrar por muitos canos
> o sangue em que romanos sorridentes
> mergulhavam as mãos, é sinal certo
> de que de vós há de tirar mui breve
> sangue renovador e grande Roma,
> empenhando-se os homens mais ilustres
> por alcançar de vós brasões mais novos,
> relíquias e penhores.
>
> (II 2, 85-89)

O culto do imperador é uma retomada do esquema antigo do assassinato fundador. A doutrina imperial certamente é tardia e, sem dúvida, excessivamente consciente de si mesma para não comportar algum artifício, mas aqueles que a conceberam sabiam, evidentemente, o que estavam fazendo. Sua obra não carecia de força: a história subsequente provou isso.

★ ★ ★

Para melhor compreender a concepção neotestamentária das potestades, podemos aproximá-la daquilo que, a meu ver, continua sendo a melhor das teorias antropológicas do social, a "transcendência social" de Durkheim.

---

* Tradução de Carlos Alberto Nunes. *Tragédias*. Rio de Janeiro: Agir, 2008, p. 201. (N.E.)

O grande sociólogo identificou nas sociedades arcaicas uma fusão de religioso e de social que se aproxima do paradoxo constitutivo das potências e dos principados.

A união dessas duas palavras, "transcendência" e "social", foi muito criticada. Os espíritos apaixonados pela ciência exata veem aí uma traição desta em proveito do religioso, enquanto os espíritos religiosos enxergam nela o contrário, uma traição deste em proveito do cientificismo.

Antes de criticar, é preciso, em primeiro lugar, tentar compreender o esforço de um pensador que procura ultrapassar as abstrações simétricas dos teóricos de seu tempo e do nosso. Ele faz o que pode para aceder ao problema colocado no estudo das sociedades pela combinação de imanência real e de potestade "transcendental". Embora enraizada na mentira, a falsa transcendência da religião violenta revela-se efetiva enquanto todos os membros da comunidade a respeitarem e obedecerem.

Por mais legítima que seja a aproximação com Durkheim, parece-me excessivo definir como "durkheimianas" as teses que defendo. Não encontramos em Durkheim nem o ciclo mimético nem o mecanismo da vítima única nem, principalmente, a questão que passarei agora a abordar: a da divergência insuperável entre as religiões arcaicas e a tradição judaico-cristã.

Terceira parte

O TRIUNFO DA CRUZ

IX

SINGULARIDADE DA BÍBLIA

ATUALMENTE, OS CRÍTICOS dos Evangelhos não buscam mais demonstrar que os Evangelhos e os mitos são análogos, idênticos, intercambiáveis. Longe de perturbá-los, as diferenças são muito bem-recebidas, e na verdade é só isso que eles enxergam. Ao contrário, o que eles suprimem são as semelhanças.

Se só existissem diferenças entre as religiões, elas comporiam uma única e vasta indiferenciação. Não poderiam mais ser consideradas verdadeiras ou falsas, como não se pode considerar verdadeiro ou falso um conto de Flaubert ou de Maupassant. São duas obras de ficção, e afirmar que uma delas é mais verdadeira que a outra seria absurdo.

Essa doutrina seduz o mundo contemporâneo. As diferenças são alvo de uma veneração mais aparente que real. A impressão é de que são levadas muito a sério, quando na realidade não lhes é atribuída mais nenhuma importância. As religiões, todas elas são consideradas puramente míticas, mas cada uma a seu modo, que é inimitável, claro. Cada um é livre para comprar o que lhe agrada no supermercado da religião. Gostos e cores não se discutem.

Os velhos etnólogos anticristãos pensavam de outra forma. Como os cristãos, acreditavam numa verdade absoluta. Para evidenciar a falta de solidez dos Evangelhos, pretendiam demonstrar, como sabemos, que estes últimos assemelhavam-se demais aos mitos para não serem míticos.

Portanto, como eu mesmo faço, eles buscavam definir o dado comum entre o mito e os Evangelhos. Esperavam que ele fosse tão considerável que nenhuma diferença maior poderia mais se introduzir, se assim podemos dizer, entre os mitos e os Evangelhos. Era assim que tentavam demonstrar o caráter mítico destes últimos.

Esses pesquisadores laboriosos nunca descobriram o que buscavam, mas, na minha opinião, tinham razão em obstinar-se. Sabemos que o dado comum aos mitos e aos Evangelhos existe: é o ciclo mimético ou "satânico", é a sequência tripartida da crise inicial, seguida da violência coletiva e, finalmente, da epifania religiosa.

Paradoxalmente, foi o anticristianismo dos velhos etnólogos que impediu de descobrir *todas* as semelhanças entre os Evangelhos e os mitos. Sem dúvida, foi por medo de serem novamente tragados pelos Evangelhos que eles os mantinham a distância. Eles se considerariam desonrados se os tivessem utilizado como eu fiz nos três primeiros capítulos.

Os Evangelhos são mais transparentes que os mitos e eles espalham a transparência a seu redor, pois são explícitos no que diz respeito ao mimetismo, inicialmente conflituoso, depois reconciliador. Revelando o processo mimético, eles penetram a opacidade dos mitos. Se nos apoiarmos sobre os mitos, ao contrário, não apreendemos nada sobre os Evangelhos.

Após ter identificado o ciclo mimético graças aos Evangelhos, nós o reencontramos facilmente, em primeiro lugar na lapidação de Apolônio, e em seguida em todos os cultos mítico-rituais. Sabemos, a partir de agora, que as culturas arcaicas consistem essencialmente em administrar o ciclo mimético com o auxílio de mecanismos vitimários e de suas repetições sacrificiais.

Os velhos etnólogos seguiam o método inverso. Eles acreditavam ser moralmente obrigados a apoiar-se nos mitos para atacar os Evangelhos. Se invertessem o procedimento, pensariam estar traindo a própria causa.

Com certeza, nos mitos desenrola-se o mesmo processo mimético que nos Evangelhos, mas de tal modo tão obscuro e confuso que, apenas com seu apoio, não conseguimos dissipar "as trevas de Satanás".

Não parto dos Evangelhos para favorecer arbitrariamente o cristianismo ou rejeitar o paganismo. A descoberta do ciclo mimético nos mitos, longe de confirmar a velha crença dos cristãos na singularidade absoluta de sua religião, torna-a aparentemente mais improvável, mais indefensável que nunca. Se os Evangelhos e os mitos contam o mesmo tipo de crise mimética, resolvido pelo mesmo tipo de expulsão coletiva, concluído nos dois casos por uma epifania religiosa, repetida e comemorada por ritos estruturalmente muito semelhantes, como poderia então existir, entre a mitologia e o cristianismo, a diferença que irá conferir à nossa religião a singularidade, a unicidade que ela sempre reivindicou?

No cristianismo, é verdade, os sacrifícios não são sangrentos. Não existe mais imolação real. Encontramos por toda parte a não violência que observamos no capítulo IV entre a lapidação fomentada por Apolônio e a lapidação impedida por Cristo.

O verdadeiro cristão não se contenta com essa diferença. O cristianismo pode ainda aparecer como um processo mítico atenuado, adocicado, mas essencialmente inalterado. A atenuação, a edulcoração são manifestas em muitos cultos míticos tardios...

No plano da gênese, não vemos, por enquanto, o que poderia diferençar os Evangelhos dos mitos, a não ser de modo superficial, insignificante.

Esse resultado teria alegrado os velhos etnólogos anticristãos. Desde alguns séculos, o sentimento íntimo de uma singularidade irredutível de sua religião enfraquece-se em muitos cristãos, e o comparativismo antropológico, a visão mítica do cristianismo contribuíram para esse enfraquecimento. Aliás, é por isso que certos cristãos fiéis desconfiam de meu trabalho. Estão convencidos de que nada de bom para o cristianismo pode sair do comparativismo etnológico.

* * *

A questão é tão importante que vou defini-la brevemente uma segunda vez: quando comparamos concretamente uma epifania religiosa que os Evangelhos consideram falsa, mítica, satânica, com uma epifania religiosa que eles consideram verdadeira, não enxergamos diferenças estruturais. Nos dois casos trata-se de ciclos miméticos, e todos terminam com bodes expiatórios e ressurreições.

O que é que permite ao cristianismo definir as religiões pagãs como satânicas ou diabólicas, e de excluir a si próprio dessa definição? Como o presente estudo se pretende tão objetivo, tão "científico" quanto possível, não podemos aceitar cegamente a oposição evangélica entre Deus e Satanás. Se não pudermos mostrar ao leitor moderno o que torna essa oposição real, concreta, ele irá rejeitá-la como enganosa, ilusória.

Por enquanto, os ciclos miméticos que geram as divindades míticas, de um lado, e aquele que, de outro, desemboca na ressurreição de Jesus e na afirmação de sua divindade parecem equivalentes.

Em suma, talvez a distinção entre Deus e Satanás seja uma ilusão produzida pelo desejo dos cristãos de singularizar sua religião, o desejo de se proclamarem únicos detentores de uma verdade estranha à mitologia. É o que atualmente censuram ao cristianismo não somente os não cristãos, mas muitos cristãos conscientes das semelhanças entre os Evangelhos e os mitos.

Como o ciclo mimético nos Evangelhos contém os três momentos dos ciclos miméticos — a crise, a violência coletiva e a epifania divina —, objetivamente, repito, nada os distingue de um mito. Não seriam eles um simples mito de morte e de ressurreição talvez mais refinado que muitos outros, mas fundamentalmente semelhante?

$$\star \; \star \; \star$$

Em vez de abordar esse problema diretamente, vou dividi-lo em duas fases, tomando como apoio o livro ao qual os verdadeiros cristãos são tão apegados quanto o Novo Testamento, o que eles chamam de Antigo Testamento, a Bíblia hebraica. Por razões táticas, que se tornarão evidentes durante o percurso, vou começar pelo Antigo Testamento, e esse aparente desvio vai me conduzir ao coração de meu tema.

O dado comum aos mitos e aos Evangelhos, o ciclo mimético, só é encontrado de modo parcial nos relatos bíblicos. A crise mimética e a morte coletiva da vítima estão lá, mas o terceiro momento do ciclo encontra-se ausente: a epifania religiosa, a ressurreição que revela a divindade da vítima.

Repito: apenas os dois primeiros momentos do ciclo estão presentes na Bíblia hebraica. É bastante evidente que nela as vítimas nunca ressuscitam. Nunca existe Deus vitimizado nem vítima divinizada.

Entre a Bíblia hebraica e os mitos, portanto, existe essa diferença capital para o problema que nos ocupa. Não se pode desconfiar que o divino, no monoteísmo bíblico, foi engendrado pelos processos vitimários que, visivelmente, o engendram no politeísmo arcaico.

Vamos comparar um grande relato bíblico, a história de José, com o mito mais conhecido de todos, o de Édipo. Os resultados nos facilitarão o acesso ao problema essencial para nós, o da divindade de Jesus Cristo na religião cristã.

Verifiquemos, em primeiro lugar, que os dois momentos do ciclo mimético — a crise e a violência coletiva — estejam presentes em nossos dois textos.

O mito e o relato bíblico começam ambos pela *infância* dos dois heróis. Nos dois casos, esta primeira parte consiste numa crise no seio das duas famílias, resolvida pela expulsão violenta dos dois heróis ainda crianças, ambos expulsos por suas famílias.

No mito, é um oráculo que precipita a crise entre os pais e seu filho recém-nascido. A voz divina anuncia que Édipo, algum dia, matará seu pai e casará com sua mãe. Aterrorizados,

Laio e Jocasta decidem mandar matar o filho. Édipo escapa por um triz da morte, mas é expulso pela própria família.

No relato bíblico, é o ciúme dos dez irmãos que desencadeia a crise. O ponto de partida é diferente, mas o resultado é o mesmo. Os dez irmãos querem matar José, mas acabam por vendê-lo como escravo a uma caravana que parte para o Egito. Em suma, exatamente como Édipo, José escapa por um triz da morte e é expulso pela própria família.

Nesses dois inícios paralelos, reconhecemos facilmente o que esperávamos, uma crise mimética e um mecanismo vitimário. Em ambos os casos, uma comunidade une-se de forma unânime contra um único membro que é violentamente expulso.

No corpo dos dois relatos encontra-se um segundo exemplo de crise seguido, no caso de Édipo, por uma nova expulsão.

Resolvendo o enigma da Esfinge, Édipo se salva das garras do monstro, salvando ao mesmo tempo a cidade inteira. Para recompensá-lo, Tebas transforma-o em seu rei. Mas esse triunfo não é definitivo. Alguns anos mais tarde, sem que ninguém saiba, inclusive o principal interessado, as predições do oráculo se realizam. Édipo mata seu pai e desposa sua mãe. Para impedir os tebanos de acolher em seu seio um filho incestuoso e parricida, Apolo lhes envia uma peste que os obriga a expulsar Édipo uma segunda vez.

Voltemos a José. Para conseguir se dar bem no Egito, esse herói explora o mesmo tipo de talento que Édipo, a decifração de enigmas. No seu caso, são sonhos que ele interpreta, primeiro os de dois oficiais reais, e em seguida o do próprio faraó, o famoso sonho das sete vacas gordas e das sete vacas magras. Sua clarividência tira nosso herói da prisão (que comparo a uma expulsão) e protege o Egito das consequências da carestia. O faraó faz de José seu primeiro-ministro. Seu grande talento impulsiona-o para o alto da escala social, exatamente como Édipo.

Devido às expulsões iniciais, Édipo e José assumem, ambos, figuras de estrangeiros, sempre um pouco suspeitos, no palco principal de suas façanhas, Tebas para Édipo, Egito para José. As carreiras desses dois heróis são uma alternância de integrações brilhantes e de expulsões violentas. Em consequência, entre o mito e a história bíblica as semelhanças numerosas e essenciais são inseparáveis dos temas que, como já sabemos, constituem um *dado comum* ao mito e à Bíblia. São sempre processos miméticos de crises e de expulsões violentas, como encontramos em todos os textos que estudamos.

O mito e o relato bíblico são mais próximos um do outro, assemelhando-se muito mais do que a maioria dos leitores poderia imaginar. Isso quer dizer que eles não se opõem em nada de essencial? Poderíamos considerá-los mais ou menos equivalentes? Exatamente o contrário. A identificação do dado comum permite perceber entre o bíblico e o mítico uma divergência irredutível, um abismo intransponível.

O mito e a história bíblica opõem-se quanto à questão decisiva colocada pela violência coletiva, a de sua boa fundamentação, de sua legitimidade. No mito, as expulsões do herói são sempre justificadas. No relato bíblico elas nunca são. A violência coletiva é injustificável.

Laio e Jocasta têm excelentes razões para se livrarem de um filho que, qualquer dia, irá massacrar o primeiro e casar com a segunda. Também os tebanos têm excelentes razões de se livrarem de seu rei. Édipo realmente cometeu as infâmias profetizadas pelo oráculo e, além disso, trouxe a peste para toda a cidade!

No mito, a vítima sempre está errada e seus perseguidores têm sempre razão. Na Bíblia, dá-se o inverso: José tem razão uma primeira vez contra seus irmãos, e tem razão duas vezes em seguida contra os egípcios que o aprisionam. Ele tem razão contra a esposa lúbrica que o acusa de ter querido violá-la. Dado que o esposo dessa mulher, Putifar, o patrão de José, trata seu jovem escravo como verdadeiro filho, a acusação que pesa sobre José lembra a gravidade do incesto censurado a Édipo.

Essa é uma convergência adicional entre os dois relatos, e como por toda parte, desemboca na mesma divergência radical. Os universos míticos, e o universo moderno que os prolonga (a psicanálise, por exemplo), consideram legítimas as acusações míticas. A nossos olhos todo mundo é sempre mais ou menos culpado de parricídio e incesto, nem que seja no nível do desejo.

O relato bíblico recusa-se a levar esse tipo de acusação a sério. Reconhece nela a obsessão característica das multidões histéricas contra todos aqueles que, por tudo e por nada, transformam em vítimas. Não somente José não dormiu com a mulher de Putifar, mas resistiu heroicamente a suas investidas. É ela a culpada, e por trás dela toda a multidão egípcia, manso rebanho mimético que concorda de cabeça baixa com as expulsões de jovens imigrantes isolados e impotentes.

A relação dos dois heróis às desgraças que se abatem sobre seus dois países de adoção repete e resume tanto as convergências múltiplas dos dois textos quanto sua divergência única, mas absolutamente decisiva. Édipo é responsável pela peste e não pode fazer nada para curá-la, a não ser se deixar expulsar. José não somente não tem qualquer responsabilidade pela carestia, como administra com tanta habilidade a crise que protege o Egito de seus efeitos nocivos.

É sempre a mesma questão que se coloca por toda parte. O herói merece ser expulso? O mito responde sempre "sim", e o relato bíblico responde "não", "não" e "não". A carreira de Édipo termina com uma expulsão cujo caráter definitivo confirma sua culpa. A de José termina com um triunfo cujo caráter definitivo confirma sua inocência.

A natureza sistemática da oposição entre o mito e o relato bíblico sugere que este último obedece a uma inspiração antimitológica. E essa inspiração revela sobre os mitos algo essencial, que permanece invisível fora da perspectiva adotada pelo relato bíblico. Os mitos sempre condenam todas as vítimas isoladas e universalmente oprimidas. Eles são o produto de multidões superexcitadas, incapazes de identificar e criticar a própria tendência de expulsar e massacrar os seres indefesos, bodes expiatórios sempre considerados culpados pelos mesmos crimes estereotipados: parricídios, incestos, fornicações bestiais e outros atos maléficos horripilantes cujo caráter absurdo é denunciado por sua perpétua e inverossímil recorrência.

★ ★ ★

No episódio seguinte, um acerto de contas pacífico acontece entre José e seus irmãos. A história de José prossegue para além desse ponto, mas esse episódio é a verdadeira conclusão do relato que nos interessa, o de José vendido por seus irmãos, expulso pela própria família. Ele confirma de modo espetacular, como veremos, a oposição bíblica à violência coletiva dos mitos.

Os sete anos de vacas magras começaram e os dez meios-irmãos de José sofrem com a fome na Palestina. Então, vão até o Egito para implorar por víveres. Não reconhecem José sob suas belas roupas de primeiro-ministro, mas José os reconhece, e sem se identificar os interroga discretamente sobre Benjamim, o caçula, que eles deixaram na casa por medo de que lhe acontecesse algo de ruim que causasse a morte por desgosto de seu velho pai, Jacó.

José dá trigo a todos os seus meios-irmãos, avisando-os que, se eles voltarem uma segunda vez, pressionados pela fome, não obterão nada caso não tragam com eles Benjamim.

Como a fome se prolonga, os dez acabam voltando para o Egito, e dessa vez acompanhados por Benjamim. José entrega-lhes trigo, mas também esconde por meio de um servo uma taça preciosa na bolsa de Benjamim. Queixando-se em seguida que esse objeto lhe tinha sido roubado, faz revistar os onze irmãos, e quando encontram a taça, anuncia que irá reter o único culpado, Benjamim, e autoriza os dez irmãos mais velhos a voltarem tranquilamente para casa.

Em suma, José submete seus meios-irmãos culpados a uma tentação, que eles conhecem bem, pois já sucumbiram uma vez a ela, a de abandonar impunemente o mais jovem e fraco entre eles. Nove irmãos sucumbem uma segunda vez à tentação. Apenas Judá resiste e se oferece para tomar o lugar de Benjamim. E como recompensa, José perdoa, chorando, toda a tropa e acolhe toda sua família, inclusive o velho pai, Jacó, em seu país de adoção.

EU VIA SATANÁS CAIR COMO UM RELÂMPAGO | 165

Esse último episódio é um retorno meditativo sobre o tipo de violência coletiva que obceca tanto o relato bíblico quanto os mitos, mas com resultados inversos. O triunfo final de José não é um *happy end* insignificante, mas um meio de colocar explicitamente o problema das expulsões violentas. Sem nunca sair de seu quadro narrativo, o relato bíblico realiza, a respeito da violência, uma reflexão cujo radicalismo é revelado pelo fato de que a vingança obrigatória é substituída pelo perdão, único capaz de interromper de uma vez por todas a espiral das represálias, por vezes quebrada, é verdade, por expulsões unânimes, mas de modo sempre temporário. Para perdoar a multidão de seus meios-irmãos inimigos, José exige um único sinal de arrependimento, o que é dado por Judá.

O relato bíblico acusa os dez irmãos de odiar José sem razão válida, de ter inveja dele, em razão de sua superioridade intrínseca e dos favores que esta lhe garante da parte de Jacó, o pai de todos. A verdadeira causa da expulsão é a rivalidade mimética.

★ ★ ★

Posso ser acusado de deformar minha análise em favor de minhas teses e do relato bíblico? Não creio. Se o mito e o relato bíblico fossem ambos obras fictícias e fantasiosas, "relatos" no sentido da crítica pós-moderna, seu desacordo a respeito das duas vítimas, Édipo e José, talvez não significasse nada. As diferenças poderiam, sem dúvida, enraizar-se no capricho individual dos dois autores, na preferência de um pelas histórias que "acabam mal" e do outro pelas histórias que "acabam bem". Repete-se incansavelmente: os textos são Proteus inapreensíveis e não podem ser reduzidos a uma temática estável.

Sempre felizes por deturpar o sentido, nossos desconstrutores e outros pós-modernos não concordarão comigo que os mitos e os textos bíblicos encarnam duas tomadas de posição opostas sobre a questão da violência coletiva.

A essa sua negação categórica, respondo que a recusa das expulsões que atingem José não pode ser fortuita. Ela é necessariamente uma crítica deliberada da atitude mítica, não somente em razão do último episódio, mas porque se inscreve no contexto do dado comum ao mítico e ao bíblico, exatamente o que analisamos longamente em nossos capítulos precedentes, antes de reencontrá-la em nossos dois relatos. Existe aí um tecido de correspondências cerrado demais para ser fruto do acaso. As convergências múltiplas garantem a significação da única mas decisiva divergência. O relato bíblico nos ensina uma recusa sistemática das expulsões míticas.

A comparação do mito e da história de José revela, no autor bíblico, uma intenção deliberada de criticar não o próprio mito de Édipo, sem dúvida, mas um ou vários mitos que provavelmente não conhecemos e que deveriam se assemelhar ao mito de Édipo. O relato bíblico condena a tendência generalizada dos mitos de justificar as violências coletivas, a natureza acusadora, vingativa, da mitologia.

A relação entre o mito e o relato bíblico não deve ser pensada em função da única divergência a respeito das vítimas e dos carrascos, e tampouco apenas em função das convergências. Para chegar à verdadeira significação, é preciso pensar a divergência no contexto de todas as convergências.

Tanto nos mitos como no relato bíblico, as expulsões de indivíduos considerados malfeitores desempenham um papel considerável. Os mitos e o relato bíblico estão de acordo nesse ponto, mas os mitos são incapazes de criticar esse papel, incapazes de se interrogar sobre a expulsão coletiva enquanto tal. O relato bíblico, ao contrário, atinge esse nível de questionamento, e afirma decididamente a injustiça das expulsões.

Longe de demonstrar a equivalência do mito de Édipo e da história de José, a descoberta de seu dado comum, o ciclo mimético, permite-nos afastar as ociosas diferenças do diferencialismo contemporâneo, e concentrar-nos na divergência essencial entre o que deve, sem dúvida, ser chamado verdade bíblica e mentira da mitologia.

Essa verdade transcende a questão da referencialidade do relato, da realidade e da não realidade dos acontecimentos que nos são contados. O que faz a verdade desse relato não é a correspondência possível com um dado extratextual, mas sua crítica das expulsões míticas, necessariamente pertinente, pois as expulsões são sempre tributárias de contágios miméticos, e consequentemente não podem ser fruto de julgamentos racionais, imparciais.[*]

Longe de ser menor, a divergência entre o relato bíblico e o mito de Édipo, ou qualquer outro mito, é tão grande que não poderia existir outra maior. É a diferença entre um universo em que a violência arbitrária triunfa sem ser reconhecida e um universo em que essa mesma violência é, ao

---

[*] Não se deve concluir daí que considero a história de José necessariamente fictícia, imaginária. Digo apenas que, mesmo que ela o fosse, não deixaria de ser mais *verdadeira* que a história de Édipo.

contrário, identificada, denunciada e finalmente perdoada. É a diferença entre uma verdade e uma mentira, ambas absolutas. Ou sucumbimos ao contágio dos arrebatamentos miméticos e estamos na mentira com os mitos, ou resistimos a esse mesmo contágio e estamos, na verdade, com a Bíblia.

A história de José é uma recusa das ilusões religiosas do paganismo. Ela revela uma verdade universalmente humana que não é relativa nem à referencialidade ou não referencialidade do relato, nem a um sistema de crenças, nem ao período histórico, nem à linguagem, nem ao contexto cultural. Portanto, ela é absoluta. Mas não é uma verdade "religiosa" no sentido estrito do termo.

A história de José não dá mostras de parcialidade em favor do jovem judeu separado de seu povo, isolado entre os gentios? Mesmo que concedêssemos a Nietzsche e ao Max Weber de *Judaísmo antigo* que o relato bíblico favorece sistematicamente as vítimas, principalmente se elas forem judias, não poderíamos concluir daí que a Bíblia e os mitos deveriam ser colocados no mesmo plano, sob o pretexto de que os preconceitos contrários são equivalentes.

O povo judeu, jogado de uma expulsão a outra, com certeza é apropriado para questionar os mitos e identificar mais rapidamente que muitos outros povos os fenômenos vitimários de que tantas vezes foi vítima. Ele dá provas de uma perspicácia excepcional a respeito das multidões perseguidoras e de sua tendência a se polarizar contra os estrangeiros, os isolados, os doentes, os aleijados de todo tipo. Essa vantagem, que custou muito caro, não diminui em nada a universalidade da verdade bíblica, não nos permitindo considerar tal verdade como relativa.

Nem o ressentimento sempre invocado por Nietzsche tampouco o "chauvinismo" ou o "etnocentrismo" conseguiu produzir a história de José. A Bíblia recusa-se a demonizar-divinizar as vítimas das multidões sanguinárias. Os verdadeiros responsáveis pelas expulsões não são as vítimas, mas seus perseguidores, as multidões ou quase multidões à mercê dos arrebatamentos miméticos, os irmãos invejosos, os egípcios submissos, as putifares desenfreadas.

Reconhecer o tipo de verdade própria ao relato bíblico não significa mergulhar no dogmatismo, no fanatismo e no etnocentrismo, mas dar provas de verdadeira objetividade. Há ainda pouco tempo, em nossa sociedade, a palavra "mito" permanecia como sinônimo de mentira. Nossa *intelligentsia* fez todo o possível desde então para reabilitar os mitos em detrimento da Bíblia, mas, na linguagem popular, "mito" sempre significa mentira. É a língua popular que tem razão.

★ ★ ★

Na Bíblia, nem todas as vítimas têm tanta sorte quanto José, e não é sempre que conseguem escapar de seus perseguidores e tirar partido da perseguição para melhorar sua sorte. No mais das vezes, elas perecem. Como essas vítimas são sozinhas, abandonadas por todos, encurraladas por perseguidores numerosos e fortes, elas são massacradas.

A história de José é feliz, "otimista", pelo fato de que a vítima triunfa sobre todos seus inimigos. Outros relatos bíblicos, ao contrário, são "pessimistas", mas isso não os impede de testemunhar em favor da mesma verdade que a história de José e de opor-se ao mito exatamente da mesma maneira.

A especificidade da Bíblia não consiste em pintar a realidade em cores alegres e minimizar a força do mal, mas consiste em *interpretar* objetivamente os *todos contra um* miméticos, em identificar o papel desempenhado pelo contágio nas estruturas de um universo onde ainda só existem mitos.

No universo bíblico, geralmente os homens são tão violentos quanto nos universos míticos, e os mecanismos vitimários são abundantes. Em contrapartida, o que difere é a Bíblia, é a interpretação bíblica desses fenômenos.

* * *

O que é verdadeiro para José também é verdadeiro, sob formas diversas, para um grande número de salmos. Penso que esses textos são os primeiros na história humana a dar palavra a vítimas típicas da mitologia, encurraladas por multidões histéricas. Matilhas humanas perseguem-nas, insultam-nas grosseiramente, montam armadilhas e dispõem-se em círculo a seu redor visando linchá-las.

Longe de se calar, essas vítimas amaldiçoam ruidosa e longamente seus perseguidores. Sua angústia expressa-se numa violência enérgica e pitoresca, que tem o dom de escandalizar e de irritar multidões mais modernas que as dos salmos, as dos exegetas politicamente corretos. Nossos inúmeros profissionais da compaixão deploram a falta de cortesia dos linchados, nos salmos, para com seus linchadores. A única violência que escandaliza esses disciplinadores de erros é a violência puramente verbal das vítimas prestes a serem linchadas.

Parece que nossos puritanos da violência não enxergam a violência real, física, dos próprios carrascos, considerando-a nula ou não acontecida. Eles aprenderam que só os textos são violentos. Devido a isso, o essencial lhes escapa. Estão mergulhados até as orelhas na desrealização textual. Nossos métodos modernos passaram por aí, e o "referente", ou, em outras palavras, tudo aquilo de que realmente se trata nos salmos, é suprimido, ocultado, eliminado. Penso que os críticos, consternados pela "violência dos salmos", enganam-se de cabo a rabo. O essencial lhes escapa. Não prestam qualquer atenção à única violência que merece ser levada a sério, aquela da qual os narradores se queixam. Não percebem nada da originalidade dos salmos, talvez os mais antigos textos na história humana a dar palavra às vítimas e não aos perseguidores.

São situações "míticas" que esses salmos colocam em cena, assim como a história de José, mas eles nos fazem pensar num homem que teria tido a ideia absurda de usar um maravilhoso casaco de pele pelo avesso e que, ao invés de resplandecer de luxo, de calma e volúpia, nos mostraria a pele ainda sangrenta de animais esfolados vivos. Veríamos então que todo esse esplendor deve-se à morte de criaturas.

★ ★ ★

O livro de Jó é um imenso salmo, e o que há de único nele é o enfrentamento de duas concepções do divino. A concepção pagã é a da multidão que venerou Jó por muito tempo e que de repente, por um capricho inexplicável, puramente mimético, voltou-se contra seu ídolo. Ela vê em sua hostilidade unânime, como outrora em sua idolatria, a vontade do próprio Deus, a prova irrefutável que Jó é culpado e deve confessar sua culpa. A multidão se toma por Deus, e, por intermédio dos três "amigos" que delegou junto a ele, ela se esforça, aterrorizando-o por obter seu assentimento mítico ao veredicto que o condena, como nesses processos totalitários do século XX que são o ressurgimento do paganismo unanimista.

Esse supersalmo mostra admiravelmente que, nos cultos míticos, o divino e a multidão são inseparáveis, e é exatamente por isso que a expressão primordial do culto é o linchamento sacrificial, o despedaçamento dionisíaco da vítima.

O mais importante do livro de Jó não é o conformismo assassino da multidão, mas a audácia final do próprio herói que vemos por muito tempo hesitar, vacilar, para finalmente voltar a cair em si e triunfar contra o arrebatamento mimético, resistir à tentação totalitária, arrancar Deus do processo perseguidor para fazer dele o Deus das vítimas e não dos perseguidores. É o que faz Jó quando finalmente afirma: "Eu sei que meu Defensor está vivo" (19, 25).

Em todos esses textos, não são mais os carrascos que têm razão, como nos mitos, mas as vítimas. As vítimas são inocentes e os culpados são os carrascos, culpados de perseguir vítimas inocentes.

Em relação às violências miméticas a Bíblia demonstra um ceticismo que nunca antes pôde se insinuar num universo espiritual em que o caráter massivo e irresistível da ilusão mítica protegia as sociedades arcaicas de qualquer saber suscetível de perturbá-las.

Não se deve dizer que a Bíblia *restabelece* uma verdade traída pelos mitos. Não se deve dar a impressão de que essa verdade já estava lá, à disposição dos homens, antes que a Bíblia a formulasse. Não é nada disso. Antes da Bíblia só havia mitos. Ninguém, antes da Bíblia, era capaz de colocar em dúvida a culpabilidade das vítimas condenadas por suas comunidades unânimes.

A inversão da relação de inocência e de culpa entre vítimas e carrascos é a pedra angular da inspiração bíblica. Não é uma dessas permutações binárias, bem-educadas e insignificantes com as quais se deleita o estruturalismo etnológico, o cru e o cozido, o duro e o mole, o doce e o salgado, mas o que se coloca é o problema crucial das relações humanas sempre perturbadas pelo mimetismo rivalitário.*

Quando percebemos como está presente por toda a Bíblia a crítica dos arrebatamentos miméticos e de seus resultados, compreendemos o que há de profundamente bíblico no princípio talmúdico frequentemente citado por Emmanuel Lévinas: "Se todo mundo estiver de acordo para condenar um acusado, soltem-no, ele deve ser inocente." A unanimidade nos grupos humanos raramente significa a verdade, quase sempre ela não passa de um fenômeno mimético, tirânico. Ela se assemelha às eleições unânimes dos países autoritários.

* * *

Parece-me que, na história de José, as razões que em um mito levariam os perseguidores a divinizar sua própria vítima permanecem detectáveis entre os dez irmãos quando de

---

* Sobre as relações entre o pensamento que se expressa aqui e as ciências humanas, ver: François Lagarde, *René Girard ou la christianisation des sciences humaines*. Nova York: Peter Lang, 1994. Assim como: Lucien Scubla. *Lévi-Strauss*, Odile Jacob, 1998.

seu reencontro com sua vítima, toda aureolada de esplendor faraônico.

No momento em que os dez irmãos expulsam José, suspeitamos que eles se sintam tentados a demonizá-lo. No momento em que eles o reencontram, sentem a tentação de divinizá-lo. No final das contas, esse faraó do qual José não poderia ser mais próximo não passa de um deus vivo.

No entanto, os dez irmãos resistem à tentação da idolatria. São judeus e não divinizam as criaturas humanas. Os heróis míticos sempre têm algo de rígido e hierático. Eles são primeiro demonizados, depois divinizados. José é humanizado. Ele está imerso numa luminosidade calorosa impensável na mitologia. Não é uma questão de "talento literário", a genialidade do texto está em sua renúncia à idolatria.

A recusa de divinizar as vítimas é inseparável de outro aspecto da revelação bíblica, o mais importante de todos: o divino não é mais vitimizado. Pela primeira vez na história humana, o divino e a violência coletiva afastam-se um do outro.

A Bíblia rejeita os deuses fundados na violência sacralizada. Em certos textos bíblicos, especialmente nos livros históricos, existem restos de violência sagrada, mas são vestígios sem futuro.

A crítica do mimetismo coletivo é uma crítica da máquina de fabricar deuses. O mecanismo vitimário é uma abominação puramente humana. Isso não quer dizer que o divino desaparece ou se enfraquece. A Bíblia é, antes de tudo, descoberta de um divino que não é mais aquele dos ídolos coletivos da violência.

O divino não se enfraquece ao se separar da violência, mas adquire mais importância que nunca na pessoa do

Deus único, Iahweh, que o monopoliza inteiramente e não depende de modo algum do que acontece entre os homens. O Deus único é aquele que censura aos homens sua violência e que se apieda de suas vítimas, aquele que substitui o sacrifício dos primogênitos pela imolação dos animais, e mais tarde critica até mesmo os sacrifícios animais.

Revelando esse mecanismo vitimário, a Bíblia nos faz compreender o tipo de universo que o politeísmo projeta a seu redor. Ele parece superficialmente mais harmonioso que o nosso, pois as rupturas de harmonia geralmente são soldadas nele pelo desencadeamento de um mecanismo vitimário e o surgimento de um novo deus que impede a vítima de aparecer enquanto vítima.

A multiplicação indefinida dos deuses arcaicos e pagãos é considerada em nossos dias uma amável fantasia, uma criação gratuita — "lúdica", eu deveria dizer, pois é a palavra da moda — que o monoteísmo, muito sério, de modo algum lúdico, se esforçaria maldosamente por nos privar. Na realidade, longe de serem lúdicas, as divindades arcaicas e pagãs são fúnebres. Antes de confiar demais em Nietzsche, nossa época deveria meditar numa das falas mais fulgurantes de Heráclito: "Dioniso é a mesma coisa que Hades." Dioniso, em suma, é a mesma coisa que o inferno, a mesma coisa que Satanás, a mesma coisa que a morte, a mesma coisa que o linchamento. É o mimetismo violento no que ele tem de mais destrutivo.

X

SINGULARIDADE DOS EVANGELHOS

FAÇAMOS UM RESUMO do que precede: nos mitos, o contágio irresistível convence as comunidades unânimes de que suas vítimas são inicialmente culpadas, e depois divinas. O divino enraíza-se na unanimidade enganosa da perseguição.

Na Bíblia, a confusão do vitimário e do divino dá lugar a uma separação absoluta. A religião judaica, repito, desdiviniza as vítimas e desvitimiza o divino. O monoteísmo é ao mesmo tempo causa e consequência dessa revolução.

Nos Evangelhos, ao contrário, encontramos não somente os dois primeiros momentos de ciclo mimético, mas o terceiro, aquele que a Bíblia hebraica rejeitara espetacularmente, a divindade da vítima coletiva. As semelhanças entre o cristianismo e os mitos são perfeitas demais para não despertar a suspeita de uma recaída no mito.

Jesus é uma vítima coletiva e os cristãos veem nele o próprio Deus. Como acreditar que sua divindade tem uma causa diferente daquela das divindades míticas?

Desde o começo da humanidade, parece que todos os deuses enraizavam-se no mecanismo vitimário. O judaísmo venceu essa hidra de mil cabeças. Aquilo que constitui a originalidade da Bíblia hebraica em relação aos mitos parece anulado pela divindade de Jesus.

Longe de "arranjar as coisas", a vontade cristã de fidelidade ao Deus único complica-as ainda mais. Para conciliar a divindade do Iahweh bíblico com a de Jesus, e a do Espírito Santo ao qual o Evangelho de João atribui explicitamente um papel no processo redentor, a teologia dos grandes concílios ecumênicos elaborou a concepção *trinitária* do Deus único.

Para o judaísmo, essa concepção parece um retorno mascarado ao politeísmo. Definindo-se como "monoteístas estritos", os muçulmanos também dão a entender que os cristãos, a seu ver, são monoteístas, no mínimo, relaxados.

O mesmo ocorre em relação a todos os que observam o cristianismo de fora. A religião que proclama a divindade de Jesus Cristo dá a quem a observa numa perspectiva filosófica, científica e mesmo religiosa a impressão de não passar de um mito modificado talvez pelas diversas influências, mas não essencialmente diferentes dos velhos mitos de morte e ressurreição.

A desconfiança que o dogma cristão sempre inspirou ao judaísmo e ao islã começa a ser compartilhada atualmente por muitos cristãos. A Cruz parece-lhes muito estranha e anacrônica para ser levada a sério. Como pensar que um jovem judeu morto há aproximadamente dois mil anos num tipo de suplício há muito tempo abolido poderia ser a encarnação do Onipotente?

Um processo de descristianização está ocorrendo há séculos no mundo ocidental, e não para de acelerar. Não são mais os indivíduos isolados que a partir de agora abandonam suas igrejas, são igrejas inteiras, conduzidas pelo clero, que passam com armas e bagagens para o campo do "pluralismo", ou seja, de um relativismo que se considera "mais cristão" que o apego ao dogma, porque mais "gentil", mais "tolerante" para com as religiões não cristãs.

* * *

Portanto, numa perspectiva monoteísta "estrita" o cristianismo dá impressão de uma recaída na mitologia: uma vez mais, nele, o vitimário e o divino se encontram.

Em contrapartida, em nossa perspectiva antropológica, constatamos que os Evangelhos mantêm a conquista essencial da Bíblia: a relação entre vítimas e perseguidores não lembra em nada a dos mitos, é a relação bíblica que prevalece, a que acabamos de descobrir na história de José; assim como na Bíblia, os Evangelhos reabilitam as vítimas coletivas e denunciam seus perseguidores.

Jesus é inocente e os culpados são aqueles que irão crucificá-lo. João Batista é inocente e os culpados são os que o decapitaram. Entre a Bíblia judaica e a Escritura judaico-cristã, a continuidade é real, substancial. É sobre essa continuidade que se funda a recusa de seguir Marcião, que queria separar os Evangelhos da Bíblia hebraica. A tese ortodoxa faz dos dois Testamentos uma única e mesma revelação.

Como vimos, as divinizações míticas são muito bem-explicadas pela operação do ciclo mimético. Elas se baseiam na capacidade das vítimas de polarizar a violência, de fornecer aos conflitos pequenas soluções que os absorve e acalma. Se a transferência que demoniza a vítima é muito poderosa, a reconciliação é tão súbita e perfeita que parece miraculosa, suscitando uma segunda transferência que se superpõe à primeira, a transferência da divinização mitológica.

Por trás da divindade do Cristo não existe demonização prévia. Os cristãos não enxergam qualquer culpa em Jesus. Portanto, sua divindade não pode se basear no mesmo processo que as divinizações míticas. Contrariamente ao que se passa nos mitos, aliás, não é uma multidão unânime dos perseguidores que vê em Jesus o Filho de Deus e o próprio Deus, mas uma minoria contestadora, um pequeno grupo de dissidentes que se destaca da comunidade e destrói sua unanimidade. É a comunidade das primeiras testemunhas da Ressurreição, os apóstolos e aqueles e aquelas que vivem a seu redor. Essa minoria contestadora não possui qualquer equivalente nos mitos. Nunca se viu, em torno de divinizações míticas, a comunidade cindir-se em dois grupos desiguais, dos quais apenas o menor proclamaria a divindade do deus. A estrutura da revelação cristã é única.

Não somente os Evangelhos são reveladores no sentido dos grandes relatos bíblicos, mas é evidente que eles vão ainda muito mais longe na mesma revelação da ilusão mítica. Isto pode ser verificado em muitos níveis.

O mimetismo violento, que os mitos não revelam de forma alguma, é demonstrado na história de José e em outros textos da Bíblia, nos quais é descrito por uma palavra quando acusam os irmãos de José de "ciúmes", por exemplo.

Os Evangelhos acrescentam a essa palavra os longos desenvolvimentos que mencionei nos primeiros capítulos: a palavra *escândalo*, como vimos, teoriza pela primeira vez o conflito mimético e suas consequências. O personagem de Satanás, ou do diabo, é ainda mais revelador: ele teoriza não somente tudo o que o escândalo teoriza, mas também a potência geradora do mimetismo conflituoso em relação com o religioso mítico.

Em nenhuma parte do mundo existe uma descrição do todos contra um mimético e de seus efeitos tão completa quanto nos Evangelhos, e isso ainda por outra razão: eles contêm indicações únicas sobre o que torna possível tal revelação.

Para que um mecanismo vitimário possa ser descrito de modo exato, verídico, é preciso que ele tenha acesso, ou quase, à unanimidade. É isso, claramente, que temos de início nos relatos da Paixão, devido às fraquezas dos discípulos. Em seguida, é preciso que se produza uma ruptura dessa unanimidade, suficientemente pequena para não destruir o efeito mítico, mas de qualquer maneira capaz de garantir a revelação ulterior e sua divulgação por todo o Universo. É também o que temos no caso da crucificação.

É preciso que essas exigências sejam satisfeitas também no caso do Antigo Testamento, nos relatos que revelam o mecanismo de unanimidade violenta, mas os textos não contêm informações precisas a esse respeito. Temos que nos contentar especialmente com especulações sobre a noção de *remanescente* fiel, que deve designar as minorias reveladoras correspondentes ao grupo dos apóstolos nos Evangelhos...

Os relatos evangélicos são os únicos textos em que a ruptura da unanimidade é produzida, de algum modo, sob nossos olhos. Essa ruptura faz parte do dado revelado. Ela é ainda mais surpreendente pelo fato de intervir, repito uma vez mais, após as fraquezas dos discípulos, após a demonstração explosiva da extrema potência do mimetismo violento mesmo sobre os apóstolos, apesar dos ensinamentos que Jesus lhes dispensara.

Os quatro relatos da Paixão fazem-nos ver os efeitos do arrebatamento mimético não somente sobre a multidão e sobre as autoridades judaicas e romanas, mas sobre os dois infelizes crucificados com Jesus e sobre os próprios discípulos, ou seja, sobre todas as testemunhas, sem exceção. (Apenas algumas mulheres não foram tocadas, mas seu testemunho não tem qualquer peso.)

Assim, os Evangelhos revelam a verdade plena, inteira, sobre a gênese dos mitos, sobre o poder de ilusão dos arrebatamentos miméticos, sobre tudo que os mitos necessariamente não revelam, pois estão sempre dominados pelo engano.

Foi por essa razão que comecei este livro pela exposição das noções retiradas dos Evangelhos, a imitação do Cristo, a teoria do escândalo e a teoria de Satanás. Somente aí eu conseguiria encontrar o que necessitava para mostrar que a noção evangélica de revelação, longe de ser uma ilusão ou um engodo, corresponde a uma formidável realidade antropológica.

O mais surpreendente é que a ressurreição e a divinização de Jesus pelos cristãos equivale com muita exatidão no plano estrutural às divinizações míticas cuja falsidade ela revela. Longe de suscitar uma transfiguração, uma desfiguração, uma falsificação, uma ocultação dos processos miméticos, a Ressurreição do Cristo traz à luz da verdade tudo que permanecia desde sempre dissimulado aos homens. Somente ela revela até o fim as coisas ocultas desde a fundação do mundo, inseparáveis do segredo de Satanás, nunca desvelado desde a origem da cultura humana, o assassinato fundador e a gênese da cultura humana.

Somente a revelação evangélica permitiu-me chegar a uma interpretação coerente dos sistemas mítico-rituais e da cultura humana em seu conjunto. Foi a esse trabalho que consagrei as duas primeiras partes da presente obra.

* * *

A Ressurreição do Cristo coroa e conclui a subversão e a revelação da mitologia, dos ritos, de tudo que garante a fundação e a perpetuação das culturas humanas.

Os Evangelhos revelam tudo de que os homens necessitam para compreender suas responsabilidades em todas as violências da história humana e em todas as falsas religiões.

Como sabemos, para que o mecanismo vitimário seja eficaz, é preciso que o arrebatamento contagioso e o todos contra um mimético escapem à observação dos participantes. A elaboração mítica repousa numa *ignorância*, ou até mesmo numa *inconsciência perseguidora* que os mitos nunca identificam, pois são possuídos por ela.

Os Evangelhos revelam essa inconsciência não somente na ideia joânica de uma humanidade fechada nas mentiras do diabo, mas em várias definições explícitas da inconsciência perseguidora. A mais importante encontra-se no Evangelho de Lucas. É a famosa frase de Jesus durante a crucificação: "Pai, perdoa-os *porque eles não sabem o que fazem.*" (23,34)

Assim como acontece com as outras frases de Jesus, é preciso evitar esvaziá-la de seu sentido fundamental reduzindo-a a uma fórmula retórica, a uma hipérbole lírica. Como sempre, é preciso tomar Jesus ao pé da letra. Ele mostra a impotência dos mobilizados para ver o arrebatamento mimético que os mobiliza. Os perseguidores "acreditam estar fazendo o bem", pensam estar agindo pela justiça e a verdade, acham que estão salvando sua comunidade.

Encontramos a mesma ideia nos Atos dos Apóstolos, igualmente obra de Lucas, mas num estilo menos espetacular. Dirigindo-se à multidão da crucificação, Pedro lhe atribui circunstâncias atenuantes em virtude do que ele chama sua *ignorância*:

> Entretanto, irmãos, sei que agistes por ignorância, da mesma forma que os vossos chefes.
>
> (At 3, 17)

O que é verdadeiro em relação ao mecanismo coletivo também vale para os fenômenos miméticos que ocorrem entre os indivíduos. Os escândalos são, antes de tudo, uma impotência de ver, uma cegueira insuperável: na sua primeira epístola, João define-os pelas trevas que espalham a seu redor:

> Aquele que diz que está na luz,
> Mas odeia seu irmão,
> Está nas trevas até agora.
> O que ama seu irmão permanece na luz
> E nele não há ocasião de escândalo.
>
> (I Jo 2, 9-10)

O autoengano caracteriza o processo satânico por inteiro, e é por isso que um dos títulos do diabo, como já disse, é "príncipe das trevas". Revelando o autoengano dos violentos, o Novo Testamento dissipa a mentira de sua violência. Ele enumera tudo de que necessitamos para rejeitar a visão mítica de nós mesmos, a crença em nossa própria inocência.

★ ★ ★

Os Evangelhos não somente dizem a verdade sobre as vítimas injustamente condenadas, mas eles sabem que a dizem, e sabem que ao dizê-la retomam o caminho do Antigo Testamento. Compreendem seu parentesco com a Bíblia hebraica sob o aspecto vitimário e dela tomam suas fórmulas mais chocantes.

Como já afirmei, os narradores de certos salmos estão sob ameaça de violência coletiva. Trata-se de reconhecer e denunciar, no caso de Jesus, um contágio mimético do mesmo tipo que aquele de que outrora foi vítima o narrador de tal ou qual salmo. Se reconhecermos que se trata do mesmo processo em ambos os casos, fica esclarecido o perpétuo recurso dos Evangelhos à Bíblia.

Um exemplo típico é a aplicação a Jesus crucificado de uma frase muito simples: *"Eles me odiaram sem razão"* (Salmos 35,19). Aparentemente banal, essa frase exprime a natureza essencial da hostilidade contra a vítima. Ela não tem razão, precisamente por ser fruto de um contágio mimético e não de motivos racionais, ou mesmo de um sentimento verdadeiro nos indivíduos que a experimentam. Muito tempo antes de Jesus, a vítima que nos fala no salmo compreendeu o absurdo desse ódio. Em vez de ver aí um exagero, é preciso tomar literalmente a expressão "sem razão".

Os narradores dos salmos compreendem que a multidão os escolhe como vítimas por motivos estranhos não somente à justiça, mas a qualquer motivação racional. A multidão não possui qualquer motivo verdadeiramente pessoal para atacar a vítima selecionada por ela, e não um outro indivíduo. Ela não tem nenhuma queixa legítima ou mesmo ilegítima. Numa sociedade à mercê da anarquia, as infelizes vítimas sucumbem a uma voracidade de perseguição que pode se saciar sobre quase qualquer um. Basta o menor pretexto. Ninguém se preocupa realmente com a culpa ou a inocência da vítima.

Essas duas palavras, *sem razão*, descrevem maravilhosamente bem o comportamento das matilhas humanas. Nos ofícios da Semana Santa, os salmos de execração desempenham um grande papel. A liturgia nos faz reler essas queixas dos futuros linchados para que melhor compreendamos os sofrimentos do Cristo. Eles nos mostram os fiéis às voltas com um tipo de injustiça sem dúvida menor do que aquela de que Jesus foi vítima, ele que era totalmente devotado aos que o perseguiam, mas que não deixa de ser, na experiência humana, o que há de mais próximo dos sofrimentos da Paixão.

Os exegetas modernos não veem a pertinência da aproximação entre o salmo e a Paixão porque eles não veem o próprio fenômeno da multidão, em sua absurda violência. Não vendo a violência real nos salmos, eles não compreendem que o narrador do salmo e Jesus são verdadeiramente vítimas do mesmo tipo de injustiça.

Os textos bíblicos que desmistificam os arrebatamentos contagiosos e os todos contra um miméticos "anunciam" ou "prefiguram" realmente os sofrimentos do Cristo. Não podemos simpatizar com essas vítimas sem simpatizar também com Jesus e vice-versa: não é possível desprezar os sofrimentos dos seres aparentemente mais insignificantes, o mendigo de Éfeso, por exemplo, sem reunir-se espiritualmente com os perseguidores de Jesus.

É essa a essência do profetismo especificamente judaico-cristão. Ele se relaciona com a Paixão de todas as perseguições coletivas, quaisquer que sejam suas datas na história humana, quaisquer que sejam as atribuições étnicas, religiosas, culturais das vítimas.

O desprezo moderno pela noção de profetismo, a ideia de que se trata de uma miragem teológica ultrapassada por um "método científico" necessariamente superior ao pensamento que ele estuda, é uma superstição mais temível que a antiga credulidade, pois sua arrogância a torna impermeável a qualquer compreensão. A falsa ciência é cega para os ciclos miméticos em geral e para sua revelação progressiva por toda a Bíblia, revelação que justifica a ideia de "prefiguração" veteritestamentária e de "cumprimento" cristológico.

Os profetas judeus já procedem da mesma maneira que os Evangelhos. Para combater a cegueira das multidões com relação a eles, para se defender do ódio contagioso de que é alvo o seu pessimismo excessivamente perspicaz, eles recorrem a exemplos de incompreensão e de perseguição que vitimaram os profetas mais antigos. A liturgia tradicional nutre-se abundantemente desses textos, cuja sensibilidade às injustiças coletivas é extremamente forte, ao passo que nos textos filosóficos ela é muito fraca e nos textos míticos é nula.

A ideia de qualificar de "profética" a articulação de todos os textos que denunciam as ilusões perseguidoras funda-se numa intuição profunda da continuidade entre a inspiração bíblica e a inspiração evangélica. Essa ideia nada tem a ver com o que é vulgarmente chamado de profetismo, as pretensões fantasiosas à previsão do futuro tal como podem ser encontradas na maioria das sociedades.

Lendo Pascal, lamentamos constatar que ele concebe o profetismo como uma espécie de codificação mecânica, de adivinhações que apenas os cristãos são capazes de decifrar, pois possuem a chave, afirmando que os judeus não entendem nada de seus próprios textos por não terem chave, que é a própria pessoa do Cristo. Graças à interpretação mimética, podemos dar à noção de profetismo um sentido positivo, tanto para os judeus quanto para os cristãos, um sentido que não exclui ninguém, principalmente os redatores dos textos mais antigos, certamente erguidos pela inspiração profética, pois eles defendem a inocência de uma vítima injustamente condenada. Para compreender o profetismo é preciso relacioná-lo, como tudo que é essencial no cristianismo, com a caridade. É preciso cotejá-lo com a parábola de Mateus sobre o Juízo Final: "Em verdade, vos digo: cada vez que o fizestes [a caridade] a um desses meus irmãos mais pequeninos, a mim o fizestes" (25, 40).

A revelação cristã no sentido mais alto é sempre consciente de ser precedida pela revelação bíblica e de ser fundamentalmente de mesma natureza que esta, de proceder do mesmo tipo de intuição.

A revelação cristã no sentido mais elevado deseja guiar-se por sua irmã mais velha, enriquecer-se de seu saber e de suas saborosas fórmulas. As citações veteritestamentárias com as quais os evangelistas semeiam seus relatos não parecem todas igualmente felizes, igualmente inspiradas. Por vezes parecem sobretudo verbais, despojadas de significação profunda, geradoras de correspondências artificiais com a Bíblia. Mas nunca se deve condenar apressadamente as Santas Escrituras. Quando tivermos desejo de fazê-lo, desconfiemos... Talvez não estejamos, então, à altura de nossa tarefa.

★ ★ ★

A revelação evangélica é a chegada definitiva de uma verdade já parcialmente acessível no Antigo Testamento, mas que exige, para se concluir, a boa-nova do próprio Deus aceitando assumir o papel de vítima coletiva para salvar toda a humanidade. Esse Deus que, de novo, torna-se vítima, não é um deus mítico a mais, é o Deus único e infinitamente bom do Antigo Testamento.

Se a divinização do Cristo repousa não sobre o escamoteamento dos arrebatamentos miméticos, que produz o sagrado mítico, repousa, ao contrário, sobre a revelação plena e integral da verdade que esclarece a mitologia, e é ela, espero, que nutre minhas próprias análises desde o início.

Às divindades míticas opõe-se um Deus que, em vez de surgir do mal-entendido a respeito da vítima, assume voluntariamente o lugar da vítima única e torna possível pela primeira vez a revelação completa de um mecanismo vitimário.

Longe de regressar para a mitologia, o cristianismo representa uma nova etapa da revelação bíblica, para além do Antigo Testamento. Longe de constituir uma recaída na divinização das vítimas e a vitimização do divino que caracteriza a mitologia, como ela é de início inevitavelmente imaginada, a divindade de Jesus obriga-nos a distinguir dois tipos de transcendência exteriormente semelhantes mas radicalmente opostas, a primeira enganosa, mentirosa, obscurantista, a do cumprimento não consciente do mecanismo vitimário na mitologia, e a outra, ao contrário, verídica, luminosa, que destrói as ilusões da primeira revelando o envenenamento das comunidades pelo mimetismo violento e o "remédio" suscitado pelo próprio mal, aquela que começa pelo Antigo Testamento e se expande no Novo.

Embora a divindade do Cristo afirme-se por ocasião do todos contra um mimético de que ele é a vítima, ela não deve absolutamente nada a esse fenômeno cuja eficácia é subvertida por ele.

* * *

Para reforçar a argumentação precedente, vou agora comentar duas passagens dos Evangelhos sinóticos que tornam manifestas não apenas as semelhanças enganosas entre as falsas epifanias religiosas e a verdadeira, mas algo ainda mais notável, a existência de um saber evangélico a respeito dessas semelhanças e sobre os mal-entendidos que elas causam. Aos olhos dos evangelistas, uma assimilação da divindade do Cristo a uma divinização mítica é tão impossível que eles conseguem descrever fenômenos suscetíveis de provocar esse tipo de confusão sem o menor embaraço, sem a menor inquietação. Se eles fossem os vulgares propagandistas em que nossos desconfiados especialistas tendem a transformá-los, Lucas, Marcos e Mateus nunca teriam redigido as duas passagens que vou comentar a seguir.

* * *

A primeira passagem, extremamente breve, encontra-se no Evangelho de Lucas. Comentei anteriormente que a morte de Jesus acalma a multidão. Produz sobre ela o efeito de todos os assassinatos coletivos ou de inspiração coletiva, uma espécie de distensão, uma *catharsis* sacrificial que impede que aconteça a rebelião temida por Pilatos.

Do ponto de vista evangélico e cristão, é claro que esse apaziguamento da multidão não tem qualquer valor religioso. É um fenômeno característico do mimetismo violento, da humanidade prisioneira de Satanás.

Ao invés de confundir e mistificar o processo vitimário, os Evangelhos o desmistificam, revelando a natureza puramente mimética daquilo que um relato mítico consideraria divino. O Evangelho de Lucas contém uma prova bem pequena, mas muito reveladora, dessa desmistificação, uma prova muito preciosa para o exegeta atento. No fim de seu relato sobre a Paixão, Lucas acrescenta a seguinte observação: "E nesse mesmo dia, Herodes e Pilatos tornaram-se amigos, pois antes eram inimigos." (23, 12)

No Evangelho de Lucas, Jesus comparece brevemente diante de Herodes. E é a participação comum de ambos na morte de Jesus que aproxima os dois homens, Herodes e Pilatos. Sua reconciliação é um desses efeitos catárticos dos quais se beneficiam os participantes de um assassinato coletivo, os perseguidores não arrependidos. É o efeito mais característico desses assassinatos, aquele que, se for suficientemente poderoso, conduz à divinização mítica da vítima.

Lucas apreende visivelmente esse efeito. Ele compreende muito bem que a melhoria das relações entre Herodes e Pilatos nada tem de cristã. Por que ele se dá ao trabalho de nos indicar um detalhe desprovido de significação cristã? Não devemos sobretudo imaginar que ele se interessa pela "política palestina". O que evidentemente o interessa é aquilo de que eu mesmo estou falando neste momento, o efeito apaziguador do assassinato coletivo. Mas por que, sendo ele próprio cristão, interessa-se por um efeito tipicamente pagão?

Penso que Lucas assinala essa reconciliação para que reconheçamos aí alguma coisa, justamente, que vista de fora poderia se assemelhar enganosamente à comunhão dos primeiros cristãos, e no entanto nada tem a ver com ela. Ele não confunde certamente a reconciliação de dois representantes das potestades com o que vai se passar entre os discípulos e Jesus no dia da Ressurreição. É o *paradoxo* da semelhança entre o mítico e o cristão que espanta Lucas, e é isso que ele não hesita em assinalar, sem temer qualquer confusão. O interesse em relacionar essas duas ressurreições, a verdadeira e a falsa, é extraordinário tanto no plano intelectual quanto no espiritual.

Ser realmente fiel aos Evangelhos não significa suprimir o que faz da Paixão um mecanismo vitimário como os outros. Pelo contrário, é levá-lo cuidadosamente em conta, e o resultado, longe de contradizer a teologia tradicional, confirma o rigor de seu fundamento.

Os dados sobre os quais as divinizações míticas se fundam estão todos presentes nos relatos da Paixão, mas em vez de serem incompreendidos e desconhecidos como seriam num mito, eles são compreendidos, desmistificados, neutralizados.

Pilatos e Herodes não percebem, sem dúvida, que sua reconciliação enraíza-se na morte de Jesus. Lucas percebe isso em seu lugar. Ele é aquele dos quatro evangelistas que melhor define a inconsciência perseguidora.

★ ★ ★

Passo agora para a segunda passagem que desejo comentar, a mais antiga das duas, segundo os especialistas, pois se encontra nos Evangelhos de Marcos e de Mateus, e é mais longa do que a primeira. É o relato da falsa crença de Herodes numa ressurreição de sua vítima, o profeta João Batista. Esse texto ilustra de maneira admirável o problema das semelhanças surpreendentes e espantosas entre as ressurreições de tipo mítico e a ressurreição de Jesus.

Como bons cristãos que são, Marcos e Mateus consideram essa ressurreição falsa, e verdadeira a de Jesus.

O que torna o texto extraordinário é que a verdadeira morte de João, e sua falsa ressurreição, apresentam-se com aspectos na verdade tão espantosamente semelhantes à verdadeira morte e verdadeira ressurreição de Jesus que a presença desse texto nos Evangelhos tem, para o leitor moderno, cristão ou não, algo de atordoante.

As duas crenças, a verdadeira e a falsa, enraízam-se ambas em um desses assassinatos coletivos, ou com ressonâncias coletivas, de onde surgem as divindades míticas. Nos dois casos, um profeta venerado passa por ressuscitado. Nos dois casos, a ressurreição parece surgir da violência coletiva.

Os dois Evangelhos colocam na boca de Herodes uma frase que sugere nitidamente o enraizamento da falsa crença na lembrança do assassinato: "Esse João, que eu mandei decapitar, ressuscitou!" (Mc 6, 16). Essa frase situa a falsa ressurreição no prolongamento direto da violência que aparece então como fundadora. Ela confirma a concepção das gêneses míticas proposta nos capítulos precedentes. Todo o episódio é uma gênese mítica em miniatura, estranhamente semelhante à sequência da Paixão e da Ressurreição.

Imediatamente após a frase de Herodes, os dois Evangelhos voltam no tempo para contar o assassinato de João. O que justifica o relato desse assassinato só pode ser a preocupação de explicar a falsa crença de Herodes. Para relatar uma falsa ressurreição, é preciso encontrar o assassinato coletivo que a suscita. Como justificar de outra maneira a volta atrás dos dois Evangelhos, seu recurso à técnica do *flashback*, da qual não há outro exemplo nos Evangelhos?

A função geradora do assassinato na crença de Herodes é mais ressaltada ainda em Mateus do que em Marcos. Para este último, de fato, a crença na ressurreição não começa com o próprio Herodes, mas com boatos populares aos quais o assassino de João contenta-se em acrescentar sua fé. De sua parte, Mateus suprime o tema dos boatos. Em seu Evangelho, a falsa crença só possui como estímulo o assassinato.

Os dois evangelistas nada dizem para dissipar a confusão em que a superposição dessas duas ressurreições, a falsa e a verdadeira, ameaça lançar os frágeis cristãos da época. Eles não experimentam, visivelmente, a perturbação que a semelhança das duas sequências suscita em nossos contemporâneos. Se essas semelhanças os tivessem preocupado, Marcos e Mateus teriam feito o que fez Lucas, teriam suprimido um episódio que, não estando centrado em Jesus, desempenha apenas um papel secundário, podendo ser facilmente eliminado.

A fé de Marcos e Mateus é pura e forte demais para se preocupar, como a nossa, com as semelhanças entre a falsa ressurreição e a verdadeira. Ao contrário, temos a impressão de que os dois evangelistas insistem nessas semelhanças para mostrar até que ponto as imitações satânicas da verdade são hábeis, mas, no final, impotentes.

A fé cristã consiste em pensar que, diferentemente das falsas ressurreições míticas, que estão realmente enraizadas nos assassinatos coletivos, a ressurreição do Cristo nada deve à violência dos homens. Ela se produz após a morte do Cristo, inevitavelmente, mas não de imediato, apenas após o terceiro dia, e, numa ótica cristã, tem sua origem no próprio Deus.

O que separa a verdadeira ressurreição da falsa não são as diferenças temáticas no drama que a precede, pois tudo é perfeitamente análogo, mas seu poder de revelação.

Já verificamos esse poder e iremos ainda verificá-lo nos próximos capítulos. Ele se opõe de modo tão decisivo ao poder de ocultação mítico que, uma vez que a oposição seja percebida, as semelhanças temáticas entre o mito e os Evangelhos, tudo que obceca a crítica dita científica, tudo que parece confirmar o ceticismo que o crítico traz consigo antes de começar seu trabalho, aparece como uma profecia que se autorrealiza, um círculo vicioso de ilusão mimética.

Os Evangelhos "verificam" sempre, admiravelmente, todas as posições que adotamos em relação a eles, mesmo as mais contrárias a seu espírito real. Podemos ver uma ironia "superior" nas verificações aparentemente estrondosas, e no entanto ilusórias, que os Evangelhos fornecem a todos os seus leitores.

Lucas suprimiu de seu Evangelho o relato do assassinato de João Batista, não por estar perturbado, mas por considerá-lo uma lamentável digressão. Ele quer centralizar tudo em Jesus.

Podemos pensar, então, que sua pequena frase sobre a reconciliação de Herodes e Pilatos é o que corresponde, no terceiro Evangelho, à falsa ressurreição nos dois primeiros. A crença na falsa ressurreição é um toque pagão bem característico do representante das "potestades" que é Herodes. Lucas a suprime, mas substituindo-a por um outro toque pagão do mesmo tipo, a reconciliação de Herodes e de Pilatos graças à crucificação. Nos dois casos, é o processo de divinização mítica que é sugerido e rejeitado.

Apesar das aparências, os Evangelhos e sua Ressurreição opõem-se à mitologia de modo ainda mais radical que o Antigo Testamento. Vemos como os evangelistas dão mostras de um profundo conhecimento, de um poder muito seguro de distinguir as ressurreições míticas da Ressurreição evangélica. Os descrentes, em contrapartida, confundem os dois fenômenos.

XI
O TRIUNFO DA CRUZ

Na ordem antropológica, defino a revelação como a *representação* verdadeira daquilo que nunca tinha sido ainda representado completamente, ou que tinha sido representado falsamente, o todos contra um mimético, o mecanismo vitimário, precedido de seus antecedentes, os escândalos "interdividuais".

Nos mitos esse mecanismo é sempre falsificado em detrimento das vítimas e a favor dos perseguidores. Na Bíblia hebraica, a verdade é frequentemente sugerida, evocada e mesmo parcialmente representada, mas nunca de maneira completa e perfeita. Os Evangelhos, tomados em sua totalidade, *são* literalmente essa representação.

Quando compreendemos isso, um texto da Epístola aos Colossenses, que de início parece obscuro, torna-se bastante claro:

> [O Cristo] apagou, em detrimento das ordens legais, o título de dívida que existia contra nós; e o suprimiu, pregando-o na cruz, na qual despojou os principados e as autoridades,*

---

* Como dito anteriormente, a Bíblia de Jerusalém, em sua versão brasileira, não segue a terminologia mais tradicional usada por Girard. (N.R.T.)

expondo-os em espetáculo em face do mundo, levando-os em cortejo triunfal.

(Col 2, 14-15)

A acusação que se voltava contra os homens é a acusação contra a vítima inocente nos mitos. Tornar os principados e as autoridades responsáveis equivale a responsabilizar o próprio Satanás em seu papel de *acusador público*, que já mencionei.

Antes do Cristo, a acusação satânica era sempre vitoriosa devido ao contágio violento que aprisionava os homens nos sistemas mítico-rituais. A crucificação reduz a mitologia à impotência ao revelar o contágio cuja eficácia, excessiva nos mitos, impede para sempre que as comunidades identifiquem a verdade, ou seja, a inocência de suas vítimas.

Essa acusação aliviava temporariamente os homens de sua violência, mas ela se "voltava" contra eles, pois ela os submetia a Satanás, ou, em outros termos, aos principados e às potências, com seus deuses mentirosos e seus sacrifícios sangrentos.

Tornando sua inocência manifesta nos relatos da Paixão, Jesus "apagou" essa dívida, "suprimiu-a". Agora, é ele quem prega essa acusação na Cruz, ou seja, revela sua falsidade. Enquanto que, habitualmente, a acusação prega a vítima na Cruz, aqui, ao contrário, a própria acusação é pregada, e de alguma forma exibida e denunciada como mentirosa. A Cruz faz triunfar a verdade porque, nos relatos evangélicos, a falsidade da acusação é revelada, a impostura de Satanás ou, o que dá no mesmo, a dos principados e das potestades é desacreditada no rastro da crucificação. São todas as vítimas do mesmo tipo que serão reabilitadas.

Satanás fazia dos humanos seus súditos, seus devedores, e, ao mesmo tempo, cúmplices de seus crimes. Revelando o caráter mentiroso de todo seu jogo, a Cruz expõe os homens a um acréscimo temporário de violência, mas de modo mais fundamental ela libera a humanidade de uma servidão que dura desde o início da história humana.

Não é somente a acusação que está pregada na Cruz e exposta ao olhar de todos: os próprios principados e potestades são oferecidos em espetáculo diante do mundo e arrastados no cortejo triunfal do Cristo crucificado, e são também de alguma maneira crucificados. Longe de serem fantasiosas e improvisadas, essas metáforas são de uma exatidão surpreendente, pois o revelado e o revelador, aqui e lá, são apenas um: em ambos os casos, é o todos contra um cuja verdadeira natureza, mimética, está dissimulada no caso de Satanás e das potências, revelada na crucificação do Cristo, nos relatos verídicos da Paixão.

A Cruz e a origem satânica das falsas religiões e das potências são um único e mesmo fenômeno, revelado num caso, dissimulado no outro. Foi por isso que Dante, no fundo de seu *Inferno*, representou Satanás pregado na Cruz.[*]

Assim que o mecanismo vitimário está corretamente pendurado, ou melhor, pregado na Cruz, seu caráter irrisório, insignificante, é plenamente revelado e tudo que repousa nele, no mundo, perde gradualmente o prestígio, se enfraquece e acabará por desaparecer.

---

[*] Ver: John Freccero, "The Sign Of Satan", in: *The Poetics of Conversion*. Massachusetts: Harvard University Press, 1986, p. 167-79.

A metáfora principal é a do *triunfo* no sentido romano, ou seja, a recompensa que Roma concedia a seus generais vitoriosos. De pé em seu carro, o triunfador fazia uma solene entrada na cidade sob as aclamações da multidão. Em seu cortejo figuravam os chefes inimigos acorrentados. Antes de serem executados, eram exibidos, como animais ferozes reduzidos à impotência. Vercingetórix desempenhou esse papel no triunfo de César.

O general vitorioso é aqui o Cristo e sua vitória é a Cruz. Aquilo sobre o qual o cristianismo triunfa é a organização pagã do mundo. Os chefes inimigos acorrentados atrás do vencedor são os principados e as potestades. O autor compara os efeitos irresistíveis da Cruz aos da força militar ainda onipotente no momento em que ele escrevia, o exército romano.

De todas as ideias cristãs, nenhuma em nossos dias suscita mais sarcasmos do que a que se expressa tão abertamente, em nosso texto, a ideia de um *triunfo da Cruz*. Para os cristãos virtuosamente progressistas ela parece tão arrogante quanto absurda. Para definir a atitude que eles reprovam, fizeram o termo "triunfalismo" entrar na moda. Se existe em algum lugar um documento original do triunfalismo, é o texto que estou comentando. Diríamos que ele parece ter sido escrito de propósito para excitar a indignação dos modernistas, sempre preocupados em lembrar à Igreja seu dever de humildade.

Mas há nessa triunfante metáfora um paradoxo evidente demais para não ser deliberado, para não ter sido produzido com intenção irônica. A violência militar está tão distante quanto possível daquilo de que fala a epístola. A vitória do Cristo nada tem a ver com a de um general vitorioso: em lugar de infligir sua violência aos outros, é o próprio Cristo que a sofre. O que deve ser retido aqui na ideia do triunfo não é o aspecto militar, mas a ideia de um espetáculo oferecido a todos os homens, a exibição pública do que o inimigo deveria ter dissimulado para se proteger, para perseverar em seu ser, do qual o priva a Cruz.

Longe de ser obtido pela violência, o triunfo da Cruz é o fruto de uma renúncia tão total que a violência pode se desencadear sobre Cristo até ficar saciada, sem suspeitar de que, desencadeando-se, torna manifesto o que lhe interessa dissimular, sem suspeitar de que esse desencadeamento dessa vez vai se voltar contra ela, pois será registrado e representado fielmente nos relatos da Paixão.

Se não enxergarmos o papel dos contágios miméticos na vida das sociedades, a ideia de que os principados e as potestades são exibidos e despojados pela Cruz parece um absurdo, uma inversão pura e simples da verdade.

Parece que é exatamente o contrário do que afirma nosso texto, que se produziu por ocasião da crucificação. Foram os principados e as potestades que pregaram Cristo na Cruz, e o despojaram de tudo, sem que para elas houvesse o menor dano.

Assim, nosso texto contradiz insolentemente tudo o que certo bom senso considera como a dura e triste verdade por trás da Paixão. Em vez de serem invisíveis, as potestades são presenças estrondosas em nosso mundo. Elas são proeminentes, pavoneiam-se todo o tempo, exibem seu poder e luxo. Não precisamos exibi-las, elas se exibem o tempo todo.

A ideia do triunfo da Cruz parece tão absurda aos olhos dos exegetas, por assim dizer, "científicos" que eles veem facilmente nela uma das inversões completas às quais os desesperados submetem o real quando seu universo desmorona e eles não conseguem mais enfrentar a verdade... É aquilo que os psiquiatras chamam de "fenômeno de compensação". Os seres devastados por uma catástrofe irreparável, privados de qualquer esperança concreta, invertem todos os sinais que os informam sobre o real: de todos os "menos" eles fazem "mais", e de todos os "mais" eles fazem "menos". Seria o que aconteceu com os discípulos de Jesus após a crucificação, é o que os crentes chamam de Ressurreição.

A precisão e a sobriedade dos relatos da crucificação, assim como sua unidade, mais nítida do que o restante dos Evangelhos, não dão de forma alguma a impressão de refletir a espécie de catástrofe psíquica, de ruptura com o real imaginada por esses críticos.

A ideia do triunfo da Cruz pode ser muito bem-explicada de modo racional, sem recorrer a hipóteses psicológicas. Ela corresponde a uma realidade indubitável que logo iremos constatar. A Cruz realmente transformou o mundo e sua potência pode ser interpretada sem recorrer à fé religiosa. Podemos dar ao triunfo da Cruz um sentido plausível em um contexto puramente racional.

A maioria dos homens, ao refletir a respeito da Cruz, vê apenas o acontecimento em sua brutalidade, a terrível morte de Jesus, que ocorreu, parece, de modo a infligir ao "triunfalismo" de nossa epístola o mais aberto desmentido.

Entretanto, ao lado do acontecimento bruto, que dá uma vantagem imediata aos principados e potências pois os livra de Jesus, existe uma outra história desconhecida pelos historiadores e no entanto tão completamente real e objetiva quanto a deles: a história não dos próprios acontecimentos, mas de sua *representação*.

Repito que o acontecimento que se situa por trás dos mitos e que os governa sem que os mitos nos permitam identificá-lo, pois eles o desfiguram e transfiguram, é *representado* enquanto tal pelos Evangelhos, tal como é, em toda a sua verdade, e colocam essa verdade nunca assinalada pelos homens à disposição de toda a humanidade.

Fora dos relatos da Paixão e dos cantos do Servo de Iahweh, os principados e as potestades são visíveis em seu esplendor exterior, mas são invisíveis e desconhecidos em sua origem violenta, vergonhosa. O avesso do cenário nunca é mostrado, e é esse avesso que a Cruz do Cristo, pela primeira vez, traz aos homens.

Em tudo que diz respeito à sua falsa glória, as potências encarregam-se de sua publicidade, mas o que a Cruz revela a respeito delas é a vergonha de sua origem violenta, que deve permanecer dissimulada para impedir sua ruína.

É isso que se expressa na imagem dos principados e das potestades "oferecidos em espetáculo diante do mundo", arrastados no "cortejo triunfal" do Cristo.

Pregando Cristo na Cruz, as potências acreditavam estar fazendo o que fazem habitualmente ao desencadear o mecanismo vitimário, afastar uma ameaça de revelação, sem desconfiar de que no final das contas elas faziam exatamente o contrário, trabalhando para seu próprio aniquilamento, de alguma forma pregando a si próprias na Cruz, de cujo poder revelador elas não suspeitavam.

Privando o mecanismo vitimário das trevas que devem envolvê-lo para que ele governe todas as coisas, a Cruz transtorna o mundo. Sua luz priva Satanás de seu principal poder, o de expulsar Satanás. Quando esse sol negro for todo iluminado pela Cruz, ele não poderá mais limitar sua capacidade de destruição. Satanás destruirá seu reino e destruirá a si próprio.

Compreender isso é compreender por que Paulo vê na Cruz a fonte de todo saber sobre o mundo e sobre os homens, assim como sobre Deus. Quando Paulo afirma nada querer conhecer fora do Cristo crucificado, ele não está fazendo "anti-intelectualismo". Não está exibindo um desprezo pelo conhecimento. Ele acredita, literalmente, que não existe saber superior ao do Cristo crucificado. Se entrarmos nessa escola, saberemos mais tanto sobre os homens quanto sobre Deus do que se nos dirigirmos a qualquer outra fonte de saber.

O sofrimento da Cruz é o preço que Jesus aceita pagar para oferecer à humanidade essa representação verdadeira da origem de que ela permanece prisioneira, e para privar, com o tempo, o mecanismo vitimário de sua eficácia.

No triunfo de um general violento, a exibição humilhante do vencido é somente uma consequência da vitória, ao passo que aqui ela é a própria vitória, é o desvelamento da origem violenta. Não é por terem sido vencidas que as potências são oferecidas em espetáculo, mas por terem sido oferecidas em espetáculo é que elas são vencidas.

Portanto, há ironia na metáfora do triunfo militar, e o que a torna saborosa é o fato de que Satanás e suas coortes só respeitam o poder. Eles só pensam em termos de triunfo militar. São então vencidos por uma arma cuja eficácia lhes é inconcebível, por contradizer todas as suas crenças, todos os seus valores. É a impotência mais radical que triunfa sobre o poder de autoexpulsão satânico.

* * *

Portanto, para se compreender a diferença entre a mitologia e os Evangelhos, entre a dissimulação mítica e a revelação cristã, é preciso parar de confundir a representação com a coisa representada.

Muitos exegetas imaginam que quando uma coisa é representada num texto, o texto fica de alguma forma submetido à própria representação. Pensam que esse mecanismo vitimário de que falo sem cessar deve dominar os Evangelhos, pois é somente neles que ele está visível e em nenhum outro lugar. Por outro lado, esse mecanismo é considerado ausente da mitologia, por nunca ter sido representado por ela, por não haver qualquer indício explícito de sua presença.

Causa surpresa minha afirmação de que o assassinato coletivo é essencial para a gênese dos mitos, e que, ao contrário, ele nada tem a nos dizer sobre a gênese dos Evangelhos.

O assassinato coletivo, ou mecanismo vitimário, tem tudo a ver com a gênese dos textos que não o representam, e que não podem representar justamente porque repousam realmente sobre ele, porque o mecanismo vitimário é seu princípio gerador. Esses textos são os mitos.

Os exegetas são enganados pela tendência de nosso espírito de concluir depressa demais que os textos que descrevem a violência coletiva são textos violentos, cuja violência temos o dever de denunciar.

Eu via Satanás cair como um relâmpago | 205

Sob a influência do nietzschianismo, nosso espírito tende a funcionar segundo o princípio "onde há fumaça, há fogo", tão mistificador quanto possível no caso que nos ocupa. Eles tratam a revelação judaico-cristã como uma espécie de sintoma freudiano ou nietzschiano, no sentido da "moral dos escravos". Por exemplo, veem na revelação do mecanismo vitimário o aflorar de um ressentimento social. Nunca questionam se essa revelação, por acaso, não seria justificável.

É ali onde não é representado que o arrebatamento mimético pode desempenhar um papel gerador, *justamente pelo fato mesmo de não ser representado.* Uma vez que toda a comunidade tenha sucumbido ao contágio, tudo o que ela diz é o mimetismo violento que diz por ela, é o mimetismo que diz a culpabilidade da vítima e a inocência dos perseguidores. Não é mais realmente essa comunidade que fala, mas aquele que os Evangelhos chamam o acusador, Satanás.

Os exegetas falsamente científicos não veem que o judaísmo e o cristianismo são as primeiras representações reveladoras e libertadoras com relação a uma violência que está aí desde sempre, mas que, antes da Bíblia, permanecia dissimulada na infraestrutura mitológica.

Sob a influência de Nietzsche e de Freud, vamos buscar em primeiro lugar, nesses textos cuja referência é sempre negada sem a menor prova, os indícios de um "complexo de perseguição" que afligiria a tradição judaico-cristã em seu conjunto, ao passo que a mitologia, ao contrário, seria imune a ele.

A prova de que tudo isso é absurdo é a soberba indiferença, o desprezo real que a mitologia demonstra com relação a tudo o que sugere uma violência possível dos fortes contra os fracos, das maiorias contra as minorias, dos saudáveis contra os doentes, dos normais contra os anormais, dos autóctones contra os estrangeiros etc.

A confiança moderna nos mitos é ainda mais estranha quando lembramos que nossos contemporâneos mostram-se terrivelmente desconfiados em relação a sua própria sociedade. Eles veem por toda parte vítimas dissimuladas, exceto onde elas verdadeiramente estão, nos mitos, que eles nunca consideram com um olhar realmente crítico.

Sempre sob a influência do nietzschianismo, os pensadores contemporâneos contraíram o hábito de ver os mitos como textos amáveis, simpáticos, alegres, leves, muito superiores à Escritura judaico-cristã, que seria dominada não por um interesse legítimo de justiça e de verdade, mas por uma suspeita mórbida...

Se adotarmos essa visão, e mais ou menos todo mundo a adota no mundo atual, tomamos como evidente a ausência aparente de violências injustas nos mitos, ou a transfiguração estética dessas violências. O judaico e o cristão são ao contrário considerados obcecados pelas perseguições, por não manterem com elas uma relação obscura que sugere sua culpabilidade.

Para compreender a enormidade do mal-entendido é preciso transpô-lo para uma história de vítima injustamente condenada, uma história agora tão bem-esclarecida que exclui qualquer mal-entendido.

Na época em que o capitão Dreyfus, condenado por um crime que não cometera, purgava sua pena do outro lado do mundo, de um lado havia os *antidreyfusards*, extremamente numerosos e perfeitamente serenos e satisfeitos, pois tinham sua vítima coletiva e se felicitavam por vê-la justamente castigada.

Do outro lado estavam os defensores de Dreyfus, pouco numerosos no início e que durante muito tempo foram considerados traidores evidentes ou, no mínimo, descontentes profissionais, verdadeiros obcecados, sempre preocupados em ruminar todo tipo de queixas e de suspeitas que ninguém a seu redor acreditava terem fundamento. Buscava-se na morbidez pessoal ou nos preconceitos políticos a razão do comportamento *dreyfusard*.

Na verdade, o *antidreyfusardismo* era um verdadeiro mito, uma acusação falsa universalmente confundida com a verdade, mantida por um contágio mimético tão amplificado pelo preconceito antissemita que nenhum fato, durante anos, conseguiu abalá-lo.

Penso que os que celebram a "inocência" dos mitos, sua alegria de viver, sua boa saúde e que opõem tudo isso à suspeita doentia da Bíblia e dos Evangelhos, cometem o mesmo erro que aqueles que ontem optaram pelo *antidreyfusardismo* contra o *dreyfusardismo*. É exatamente o que proclamava, na época, um escritor chamado Charles Péguy.

Se os *dreyfusards* não tivessem combatido para impor seu ponto de vista, se não tivessem sofrido, pelo menos alguns dentre eles, pela verdade, se não tivessem admitido, como acontece em nossos dias, que o fato mesmo de acreditar numa verdade absoluta é o verdadeiro pecado contra o espírito, Dreyfus nunca teria sido reabilitado, e a mentira teria triunfado.

Se admirarmos os mitos que não veem vítimas em parte alguma, e se condenarmos a Bíblia e os Evangelhos porque, ao contrário, eles as veem por todo lugar, estaremos renovando a ilusão daqueles que na época heroica do caso Dreyfus recusavam considerar a possibilidade de um erro judiciário. Os *dreyfusards* fizeram triunfar dificilmente uma verdade tão absoluta, intransigente e dogmática quanto aquela de José em sua oposição à violência mitológica.

★ ★ ★

O mecanismo vitimário não é um tema como os outros, simplesmente literário. É um princípio de ilusão, que não pode aparecer claramente nos textos que ele governa. Se esse princípio aparecer claramente, enquanto princípio de ilusão, e é exatamente o que acontece na Bíblia e nos Evangelhos, então certamente ele não os domina, no sentido em que sempre pode dominar os textos em que não aparece.

Nenhum texto pode esclarecer o arrebatamento mimético sobre o qual ele repousa, nenhum texto pode repousar sobre o arrebatamento mimético que ele esclarece. Portanto, é preciso evitar confundir a questão da vítima unânime com aquilo de que fala a crítica literária, ou seja, um desses *temas* ou *motivos* atribuídos a um escritor quando se constata sua presença em seus escritos, e que, por outro lado, não lhe são atribuídos se sua ausência for constatada.

O erro a esse respeito é fácil de reconhecer, porém ainda mais fácil de ignorar — e ele é ignorado por toda parte. Ninguém suspeita de que se os mitos não falam nunca de violência arbitrária, talvez porque eles refletem, sem saber, a virulência de uma perseguição que não vê vítimas em parte alguma, mas apenas culpados justamente expulsos, Édipos que sempre "realmente" cometeram seus parricídios e seus incestos.

Os conteúdos míticos são inteiramente determinados por arrebatamentos miméticos aos quais os mitos são por demais submissos para suspeitar da própria submissão. Nenhum texto pode fazer alusão ao princípio de ilusão que o governa.

Ser vítima de uma ilusão é considerá-la verdadeira, sendo, portanto, incapaz de assinalá-la enquanto ilusão. Assinalando pela primeira vez a ilusão perseguidora, a Bíblia inicia uma revolução que, através do cristianismo, irá pouco a pouco se estender a toda a humanidade sem ser realmente compreendida por aqueles que procuram tudo compreender. Penso que este seja o sentido principal de uma das frases capitais dos Evangelhos, no aspecto "epistemológico": "Eu te louvo, Pai... porque ocultastes estas coisas aos sábios e doutores e as revelastes aos pequeninos" (Mateus 11, 25).

A condição *sine qua non* para que o mecanismo vitimário domine um texto é que não figure nele enquanto tema explícito. E a recíproca é verdadeira. Um mecanismo vitimário não pode dominar um texto — os Evangelhos — no qual figura explicitamente.

Existe aí um paradoxo cujo horror deve ser reconhecido, pois é o horror da Paixão: é sempre o indivíduo ou o texto revelador que é considerado responsável pelas violências indesculpáveis que ele revela. É o mensageiro, em suma, como faz a Cleópatra de Shakespeare, que é tido por responsável pelas verdades desagradáveis que ele traz. É próprio aos mitos esconder a violência. É próprio da Escritura judaico-cristã revelá-la e sofrer suas consequências.

O princípio de ilusão que é o mecanismo vitimário não pode aparecer abertamente sem perder seu poder estruturante. Ele exige a ignorância de perseguidores "que não sabem o que fazem". Para funcionar bem, ele exige as trevas de Satanás.

Os mitos não têm consciência de sua violência, que fazem passar para o nível transcendental, demonizando-divinizando suas vítimas. São justamente essas violências que se tornam visíveis na Bíblia. As vítimas tornam-se verdadeiras vítimas, não mais culpadas, mas inocentes. Os perseguidores tornam-se verdadeiros perseguidores, não mais inocentes, mas culpados. Não são nossos predecessores que acusamos o tempo todo que são culpados, mas nós é que somos indesculpáveis.

Um mito é a não representação mentirosa que um arrebatamento mimético e seu mecanismo vitimário dão de si próprios por meio da comunidade que é seu joguete. O arrebatamento mimético nunca é objetivado, nunca é representado no interior do discurso mítico; ele é o verdadeiro *sujeito* deste último, sempre dissimulado. Ele é aquele que os Evangelhos chamam Satanás ou diabo.

Se me repito muito é porque o erro que assinalo é constantemente repetido a meu redor, desempenhando um papel essencial no paradoxo da Cruz.

* * *

A prova de que é difícil compreender o que acabo de dizer, ou talvez fácil demais, é que o próprio Satanás não o compreendeu. Ou melhor, ele o compreendeu tarde demais para proteger seu reino. Sua falta de rapidez teve, sobre a história humana, formidáveis consequências.

Em sua primeira Epístola aos Coríntios, Paulo escreve: "Nenhum dos príncipes do mundo a conheceu [a sabedoria], pois, se a tivessem conhecido, não teriam crucificado o Senhor da Glória." (I Co 2, 8)

"Os príncipes deste mundo", que são aqui a mesma coisa que Satanás, crucificaram o Senhor da Glória porque esperavam desse acontecimento certos resultados favoráveis a seus interesses. Esperavam que o mecanismo funcionasse como de costume, protegido de olhares indiscretos, e que eles se livrariam de Jesus e de sua mensagem. No início da história, eles tinham excelentes razões para pensar que tudo daria certo.

A crucificação é um mecanismo vitimário como os outros, desencadeia-se como os outros, desenvolve-se como os outros, e no entanto tem resultados diferentes de todos os outros.

Até a Ressurreição, nada fazia prever a reviravolta de um arrebatamento mimético ao qual os próprios discípulos já haviam mais ou menos sucumbido. Os príncipes deste mundo já podiam comemorar e no entanto, no final das contas, seus cálculos não estavam corretos. Ao invés de escamotear uma vez mais o segredo do mecanismo vitimário, os quatro relatos da Paixão irão difundi-lo pelos quatro cantos do mundo, dando-lhe uma gigantesca publicidade.

A partir da frase de Paulo que acabo de citar, Orígenes e numerosos Padres da Igreja gregos elaboraram uma tese que desempenhou um importante papel durante séculos, a (tese) de *Satanás enganado pela Cruz.* Nessa fórmula, Sata-

---

* Jean Daniélou, *Origène*. Paris: La Table Ronde, 1948, p. 264-9.

nás equivale aos que são Paulo chama de "príncipes deste mundo".

No cristianismo ocidental, essa tese nunca teve o mesmo prestígio que no Oriente, e finalmente, pelo menos que eu saiba, desapareceu completamente. Ela foi até acusada de "pensamento mágico". Pergunta-se se ela não faz Deus desempenhar um papel indigno dele.

Ela assimila a Cruz a uma espécie de armadilha divina, um ardil de Deus, ainda mais forte do que os ardis de Satanás. Da pluma de certos Padres da Igreja gregos surgiu uma metáfora estranha que contribuiu para a desconfiança ocidental. O Cristo é comparado à isca que o pescador enfia no anzol para apanhar pela gula um peixe que não é outro senão Satanás.

O papel que essa tese faz Satanás desempenhar inquieta os ocidentais. Com o tempo, o papel do diabo se reduz no pensamento teológico. Seu desaparecimento é infeliz, à medida que Satanás é inseparável do mimetismo conflituoso, o único capaz de esclarecer a verdadeira significação e a legitimidade da concepção patrística.

A descoberta do ciclo mimético, ou satânico, permite compreender que a tese de Satanás enganado pela Cruz contém uma intuição essencial. Ela leva em conta o tipo de obstáculo que os conflitos miméticos opõem à revelação cristã.

As sociedades mítico-rituais são prisioneiras de uma circularidade mimética da qual não conseguem escapar, pois não conseguem identificá-la. Isso é verdadeiro ainda hoje: todos os nossos pensamentos sobre o homem, todas as nossas filosofias, todas as nossas ciências sociais, todas as nossas psicanálises etc. são fundamentalmente pagãs pelo fato de repousarem sobre uma cegueira para o mimetismo conflituoso análoga à dos próprios sistemas mítico-rituais.

Permitindo-nos aceder à compreensão do mecanismo vitimário e dos ciclos miméticos, os relatos da Paixão permitem aos homens identificar sua prisão invisível e entender sua necessidade de redenção.

Não estando em comunhão com Deus, os "príncipes deste mundo" não compreenderam que os relatos do mecanismo vitimário desencadeado contra Jesus seriam muito diferentes dos relatos míticos. Se tivessem podido ler o futuro, não somente eles não teriam encorajado a crucificação, mas teriam se oposto a ela com todas as suas forças.

Quando os "príncipes deste mundo" finalmente compreenderam o real alcance da Cruz, era tarde demais para voltar atrás: Jesus estava crucificado, os Evangelhos, redigidos. Assim, Paulo tem razão ao afirmar: "Se os príncipes deste mundo tivessem conhecido a sabedoria de Deus, não teriam crucificado o Senhor da Glória."

Rejeitando a ideia de Satanás enganado pela Cruz, o Ocidente priva-se de uma riqueza insubstituível no domínio da antropologia.

As teorias medievais e modernas da redenção vão todas procurar do lado de Deus, de sua honra, de sua justiça, ou mesmo de sua cólera, o que funciona como obstáculo à salvação. Elas não conseguem encontrar o obstáculo onde deveriam procurar, na humanidade pecadora, nas relações entre os homens, no mimetismo conflituoso, que é a mesma coisa que Satanás. Elas falam muito de pecado original, mas não conseguem concretizar sua ideia. É por essa razão que, mesmo sendo teologicamente verdadeiras, elas dão uma impressão de arbitrariedade e de injustiça para com a humanidade.

Uma vez identificado o mau mimetismo, a ideia de Satanás enganado pela Cruz adquire um sentido preciso, que os Padres da Igreja gregos visivelmente pressentiam sem chegar a explicitá-lo de maneira inteiramente satisfatória.

Como vimos, ser "filho do diabo", no sentido do Evangelho de João, é ficar aprisionado no sentido mentiroso do mimetismo conflituoso que só pode desembocar em sistemas mítico-rituais ou, em nossos dias, em formas mais modernas de idolatria, como, por exemplo, as ideologias ou o culto da ciência.

Os Padres da Igreja gregos tinham razão em afirmar que, na Cruz, Satanás é o mistificador que caiu na armadilha da própria mistificação. O mecanismo vitimário era seu bem pessoal, seu patrimônio próprio, o instrumento dessa autoexpulsão que coloca o mundo a seus pés. Na Cruz, esse mecanismo escapa de uma vez por todas ao controle que Satanás exercia sobre ele, e o mundo muda de feição.

Se Deus permitiu a Satanás reinar durante certo tempo sobre a humanidade, é porque sabia de antemão que, chegado o momento, Cristo venceria esse adversário morrendo na Cruz. A sabedoria divina havia previsto desde sempre que o mecanismo vitimário iria virar do avesso como uma luva, sendo desvelado, desmontado, desarticulado nos relatos da Paixão, e que nem Satanás nem as potestades poderiam impedir tal revelação.

Desencadeando o mecanismo vitimário contra Jesus, Satanás pensava estar protegendo seu reino, defendendo seu bem, sem perceber que fazia justamente o contrário. Ele fazia exatamente o que Deus queria que ele fizesse. Apenas Satanás poderia colocar em marcha, sem saber, o processo da própria destruição.

A tese de Satanás enganado pela Cruz precisa ser completada por uma definição clara daquilo que aprisiona os homens no reino de Satanás, e essa definição só pode ser fornecida pelo mimetismo conflituoso e sua conclusão vitimária. Não se deve concluir daí que bastaria identificar o mimetismo para livrar-se dele.

O texto de Paulo de onde extraí a frase que acabei de comentar é sustentado por um extraordinário sopro espiritual. Paulo nele pressente a existência de um plano divino que se refere a toda a história humana, e que ele não pode realmente formular. Ele se conclui em balbucios estáticos mais do que numa tese plenamente desenvolvida. Ele evoca uma sabedoria

> misteriosa e oculta, que Deus, antes dos séculos, de antemão destinou para a nossa glória. Nenhum dos príncipes deste mundo a conheceu, pois se a tivessem conhecido, não teriam crucificado o Senhor da Glória. Mas como está escrito, o que os olhos não viram, os ouvidos não ouviram, e o coração do homem não percebeu, tudo o que Deus preparou para os que o amam. A nós, porém, Deus o revelou pelo Espírito...
>
> (I Co 2, 7-10)

Deus permitiu a Satanás reinar certo tempo sobre a humanidade, prevendo que, chegado o momento, ele o venceria morrendo na Cruz. Graças a essa morte, como a sabedoria divina sabia, o mecanismo vitimário seria neutralizado e, longe de se opor eficazmente a isso, Satanás participaria sem saber. Fazendo de Satanás a vítima de uma espécie de ardil divino, os Padres da Igreja gregos sugerem aspectos da revelação hoje obscurecidos, por se referirem essencialmente à antropologia da Cruz.

O próprio Satanás colocou a verdade à disposição dos homens, tornou possível que sua mentira se voltasse contra ele, tornou a verdade de Deus universalmente legível.

Portanto, a ideia de Satanás enganado pela Cruz não é absolutamente mágica e não ofende de maneira alguma a dignidade de Deus. O ardil de que Satanás é vítima não comporta nem a mais mínima violência, nem a menor dissimulação por parte de Deus. Não é de fato um ardil, mas é a impotência do príncipe deste mundo de compreender o amor divino. Se Satanás não vê Deus, é porque ele é todo mimetismo conflituoso. Ele é extremamente perspicaz para tudo o que se refere aos conflitos rivalitários, aos escândalos e a suas consequências persecutórias, mas é cego para qualquer realidade diferente dessa. Satanás faz do mau mimetismo, o que eu próprio espero não fazer, uma teoria totalitária e infalível que torna o teórico, humano ou satânico, surdo e cego para o amor de Deus pelos homens e para o amor dos homens entre eles.

É Satanás mesmo que transforma seu mecanismo na armadilha de que se torna vítima. Deus não se comporta de maneira desleal, mesmo em relação a Satanás, mas se deixa crucificar pela salvação dos homens, o que Satanás não consegue de modo algum conceber.

O príncipe deste mundo contou demais com a extraordinária força de dissimulação do mecanismo vitimário.

Os próprios Evangelhos chamam nossa atenção para a perda da unanimidade mítica em toda parte onde Jesus intervém. João, em particular, assinala muitas vezes a divisão entre as testemunhas após as palavras e os atos de Jesus.

Depois de cada intervenção de Jesus, as testemunhas entram em disputa e, longe de unificar os homens, sua mensagem suscita o desacordo e a divisão. É sobretudo na crucificação que essa divisão desempenha um papel capital. Sem ela não haveria revelação evangélica; o mecanismo vitimário não seria representado. Como nos mitos, ele seria transfigurado em ação justa e legítima.

XII

BODE EXPIATÓRIO

OS RELATOS DA Paixão projetam sobre o arrebatamento mimético uma luz que priva o mecanismo vitimário da inconsciência que ele necessita para ser verdadeiramente unânime e para suscitar sistemas mítico-rituais. A difusão dos Evangelhos e da Bíblia deveria então, de início, provocar o desaparecimento das religiões arcaicas. Efetivamente, foi isso que aconteceu. Onde o cristianismo penetra, os sistemas mítico-rituais acabam por perecer ou desaparecer.

Para além desse desaparecimento, qual é a ação do cristianismo em nosso mundo? Eis a questão que deve agora ser proposta.

A complexa influência do cristianismo expande-se sob a forma de um saber desconhecido das sociedades pré-cristãs, e que não para de se aprofundar. É o saber que, segundo Paulo, vem da Cruz e não tem nada de esotérico. Para apreendê-lo, basta constatar que todos nós observamos e compreendemos situações de opressão e de perseguição que as sociedades anteriores à nossa não identificavam ou consideravam inevitáveis.

O poder bíblico e cristão de compreender os fenômenos vitimários transparece na significação moderna de certas expressões, como "bode expiatório".

Um "bode expiatório" é em, primeiro lugar, a vítima do rito judaico que era celebrado por ocasião das grandes cerimônias de expiação (Levítico 16, 21). Esse rito deve ser muito antigo, pois é visivelmente estrangeiro à inspiração especificamente bíblica no sentido definido acima.

Ele consistia em expulsar para o deserto um bode carregado de todos os pecados de Israel. O sumo sacerdote colocava as mãos sobre a cabeça do bode e esse gesto supostamente transferia para o animal tudo que fosse suscetível de envenenar as relações entre os membros da comunidade. A eficácia do rito consistia em pensar que os pecados eram expulsos com o bode e que a comunidade ficava livre deles.

Trata-se de um rito de expulsão análogo ao do *pharmakos* grego, mas muito menos sinistro, pois a vítima nunca é humana. No caso de uma vítima animal, a injustiça nos parece menor ou mesmo nula. É exatamente por isso que o rito do bode expiatório não nos inspira a mesma repugnância que a lapidação "milagrosa" de Apolônio de Tiana.

Mas o princípio de transferência não deixa de ser o mesmo. Na época muito longínqua em que o rito era eficaz enquanto rito, a transferência coletiva real contra o bode deveria ser favorecida pela má reputação desse animal, por seu odor nauseabundo, por sua incômoda sexualidade.

No universo arcaico, os ritos de expulsão existem por toda parte, e nos dão hoje a impressão de um cinismo enorme combinado com uma ingenuidade infantil. No caso do bode expiatório, o processo de substituição é tão transparente que nós o compreendemos à primeira vista. É essa compreensão que se exprime no uso moderno da expressão "bode expiatório", em que se encontra uma interpretação espontânea das relações entre o rito judaico e as transferências de hostilidade em nosso mundo. Essas não são mais ritualizadas, mas continuam existindo, na maioria das vezes sob uma forma atenuada.

Os povos rituais não compreendiam esses fenômenos como nós os compreendemos, mas observavam seus efeitos reconciliadores e, como vimos, apreciavam-nos tanto que se esforçavam por reproduzi-los sem muita vergonha, pois parecia que a operação transferencial se produzia fora deles, sem que eles realmente tomassem parte nela.

A compreensão moderna dos "bodes expiatórios" é inseparável do saber sempre disseminado do mimetismo que rege os fenômenos vitimários. É porque nossos ancestrais alimentaram-se durante muito tempo da Bíblia e dos Evangelhos que compreendemos esses fenômenos e os condenamos.

Nunca, vocês irão me dizer, o Novo Testamento recorre à expressão "bode expiatório" para designar Jesus como a vítima inocente de um arrebatamento mimético. Não há dúvida, mas ele dispõe de uma expressão igual e superior a "bode expiatório": *cordeiro de Deus*. Ela elimina os atributos negativos e antipáticos do bode. Devido a isso, ela corresponde melhor à ideia de vítima inocente injustamente sacrificada.

Outra expressão fortemente reveladora, que Jesus aplica a si próprio, é tirada do salmo 80: "A pedra rejeitada pelos construtores tornou-se a pedra angular." Essa frase nos mostra não somente a expulsão da vítima única, mas a reversão posterior, que transforma o expulso na pedra angular de toda a comunidade.

Em um universo em que a violência não é mais ritualiza-da, e onde ela é alvo de um poderoso interdito, a cólera e o ressentimento não podem ou não ousam, em geral, saciar--se sobre o objeto que as excita diretamente. O pontapé que o empregado não tem coragem de dar no patrão será dado em seu cachorro ao voltar à noite para casa, ou talvez ele irá maltratar sua mulher ou filhos, sem de modo algum perceber que está fazendo deles seus "bodes expiatórios".

As vítimas substitutas do alvo realmente visado são o equivalente moderno das vítimas sacrificiais de outrora. Para designar esse tipo de fenômeno, utilizamos espontaneamente a expressão "bode expiatório".

A verdadeira fonte das substituições vitimárias é o apetite de violências que desperta nos homens quando são tomados pela cólera, e quando, por uma razão ou outra, o objeto real dessa cólera é intocável. O campo dos objetos capazes de satisfazer o apetite de violência amplia proporcionalmente a intensidade da cólera. Da mesma forma, quando nossa fome torna-se extrema, aceitamos alimentos que, em circunstâncias normais, recusaríamos.

A eficácia das substituições sacrificiais aumenta quando muitos escândalos individuais aglutinam-se contra uma e única vítima. Assim, os fenômenos de bode expiatório continuam a desempenhar um papel certo em nosso mundo, no nível dos indivíduos e das comunidades, mas nunca são estudados enquanto tais.

Se interrogarmos nossos sociólogos e antropólogos, a maior parte reconhecerá a existência e a importância desses fenômenos, mas eles dirão que não se interessam o suficiente para fazer deles objeto de sua pesquisa. A razão profunda para essa atitude é o medo de encontrar a religião, a qual é efetivamente impossível de evitar desde que se aprofunde um pouco a questão.

Devido a essa influência judaica e cristã, o fenômeno só se produz em nossa época de modo envergonhado, furtivo, clandestino. Nós não renunciamos aos bodes expiatórios, mas nossa crença neles está três quartos arruinada, e o fenômeno nos parece moralmente tão frouxo, tão repreensível, que, ao começar a nos "desrecalcar" em um inocente, temos vergonha de nós mesmos.

A observação das transferências coletivas é mais fácil que antes, pois esses fenômenos não são mais sancionados e encobertos pelos religiosos. É mais difícil porque os indivíduos que se entregam a elas fazem de tudo para dissimulá-las de si próprios, e geralmente conseguem. Tanto hoje quanto no passado, ter um bode expiatório significa não saber que o temos.

O fenômeno não mais conduz a violências físicas, mas a violências "psicológicas", fáceis de camuflar. Todos os acusados de participar de fenômenos de transferência violenta nunca deixam de clamar por inocência, com toda a sinceridade.

Quando os grupos humanos se dividem e se fragmentam, acontece frequentemente, após um período de mal-estar e conflitos, que eles se reconciliem à custa de uma vítima, sobre a qual os observadores constatam sem dificuldade, caso eles não pertençam ao grupo perseguidor, que ela realmente não é responsável por aquilo de que é acusada. No entanto, o grupo acusador considera essa vítima culpada, devido a um contágio análogo ao dos fenômenos ritualizados.

Os membros do grupo referido acusam seu "bode expiatório" com muito ardor e sinceridade. Quase sempre, um incidente qualquer, fantasioso ou pouco significativo, desencadeia contra essa vítima um movimento de opinião, uma versão atenuada do arrebatamento mimético e do mecanismo vitimário.

O recurso metafórico à expressão ritual é frequentemente arbitrário em suas modalidades, mas ele é justificado em seu princípio. Entre os fenômenos de expulsão atenuada que observamos todos os dias em nosso mundo e o antigo rito do bode expiatório, assim como outros ritos de mesmo tipo, as analogias são perfeitas demais para não serem reais.

Quando suspeitamos que nossos vizinhos estão cedendo à tentação do bode expiatório, nós os denunciamos com indignação. Estigmatizamos ferozmente os fenômenos de bode expiatório de que nossos vizinhos se tornam culpados, sem que nós mesmos consigamos passar sem vítimas substitutivas. Tentamos todos acreditar que só sentimos rancores legítimos e ódios justificados, mas nossas certezas nesse campo são mais frágeis que as de nossos ancestrais.

Poderíamos utilizar com delicadeza a perspicácia de que damos prova quando se trata de nossos vizinhos, sem humilhar demais aqueles que surpreendemos em flagrante delito de caça ao bode expiatório, mas, em geral, fazemos de nosso saber uma arma, um meio não só de perpetuar os velhos conflitos, mas de elevá-los ao nível superior de sutileza exigida pela própria existência desse saber, e por sua difusão em toda a sociedade. Em suma, integramos a nossos sistemas de defesa a problemática judaico-cristã. Em vez de criticar a nós mesmos, fazemos um mau uso de nosso saber, dirigimo-lo contra o próximo, e praticamos uma caça ao bode expiatório em segundo grau, uma caça aos caçadores de bodes expiatórios. A compaixão obrigatória de nossa sociedade autoriza novas formas de crueldade.

Tudo isso é resumido de modo fulgurante por são Paulo em sua Epístola aos Romanos: "Tu não julgarás, ó, homem, pois tu que julgas, tu fazes a mesma coisa." Se condenar o pecador é fazer a mesma coisa que repreendemos nele, nos dois casos, o pecado de que se trata consiste necessariamente em condenar o próximo.

As substituições clandestinas, os deslizamentos de uma vítima a outra, num universo desritualizado, permitem-nos observar em estado puro, se assim podemos dizer, o funcionamento dos mecanismos relacionais ("interdividuais"), que subentendem a organização ritual dos universos arcaicos. Esses mecanismos se perpetuam entre nós em geral sob forma residual, mas por vezes eles também podem ressurgir sob formas mais virulentas que nunca, e numa escala gigantesca, como na destruição sistemática por Hitler dos judeus europeus, e em todos os outros genocídios e quase genocídios que aconteceram no século XX. Falarei disso mais adiante.

A perspicácia a respeito dos bodes expiatórios é uma verdadeira superioridade de nossa sociedade sobre todas as sociedades anteriores, mas, como todo progresso do saber, é também uma ocasião de agravamento do mal. Eu, que denuncio os bodes expiatórios de meus vizinhos com uma satisfação malévola, continuo a considerar os meus objetivamente culpados. Meus vizinhos, é claro, não deixam de denunciar em mim a perspicácia seletiva que denuncio neles.

Os fenômenos de bode expiatório muitas vezes só podem sobreviver caso se tornem mais sutis, despistando em meandros sempre mais complexos a reflexão mortal que os segue como sua sombra. Como não podemos mais recorrer a um infeliz bode expiatório para nos livrar de nossos ressentimentos, precisamos de procedimentos menos comicamente evidentes.

Penso que é à privação dos mecanismos vitimários e a suas terríveis consequências que Jesus faz alusão ao apresentar o futuro do mundo cristianizado em termos de conflito entre os seres mais próximos.

> Não penseis que vim trazer paz à terra. Não vim trazer paz, mas espada. Com efeito, vim contrapor o homem ao seu pai, a filha à sua mãe, a nora à sua sogra. Em suma: os inimigos do homem serão os seus próprios familiares.
>
> (Mt 10, 34-36)

Num universo desprovido de proteções sacrificiais, as rivalidades miméticas muitas vezes são menos violentas, mas se insinuam até nas relações mais íntimas. É isso que explica em detalhe o texto que acabei de citar: o filho em guerra contra o pai, a filha contra a mãe etc. As relações mais íntimas se transformam em oposições simétricas, em relações de duplos, de gêmeos inimigos. Esse texto permite a identificação da verdadeira gênese do que chamamos de psicologia moderna.

★ ★ ★

Portanto, a expressão *bode expiatório* designa: 1) a vítima do rito descrito no Levítico; 2) todas as vítimas de ritos análogos que existem nas sociedades arcaicas e que são também chamados de ritos de expulsão; e finalmente, 3) todos os fenômenos de transferências coletivas não ritualizadas que observamos ou pensamos observar a nosso redor.

Esta última significação transpõe tranquilamente a barreira que os etnólogos se esforçam em manter entre os ritos arcaicos e seus sucedâneos modernos, os fenômenos cuja persistência à nossa volta mostra que mudamos um pouco desde os ritos arcaicos, mas menos do que gostaríamos de acreditar.

Diferentemente dos etnólogos que querem manter a autonomia ilusória de sua disciplina, e que evitam usar a expressão "bode expiatório" para não ter que mergulhar nas análises complexas que se tornam inevitáveis quando se abole a separação absoluta entre o arcaico e o moderno, acredito que os usos modernos de "bode expiatório" são essencialmente legítimos. Vejo aí um sinal, entre outros, de que, em vez de permanecer letra morta em nossa sociedade, a revelação judaico-cristã torna-se sempre mais efetiva.

A desritualização moderna revela o substrato psicossocial dos fenômenos rituais. Gritamos "bode expiatório" para estigmatizar todos os fenômenos de "discriminação" política, ética, religiosa, social, racial etc. que observamos à nossa volta.

Temos razão. De agora em diante, vemos facilmente que os bodes expiatórios pululam sempre que os grupos humanos buscam fechar-se em uma identidade comum, local, nacional, ideológica, racial, religiosa etc.

As teses que defendo fundam-se na intuição popular que aflora no sentido moderno de "bode expiatório". Esforço-me por desenvolver as implicações dessa intuição. Ela é mais rica de saber verdadeiro que todos os conceitos inventados pelos etnólogos, sociólogos e psicólogos. Todos os discursos sobre a exclusão, a discriminação, o racismo etc. permanecerão superficiais enquanto não atacarem os fundamentos religiosos dos problemas que assolam nossa sociedade.

XIII

O CUIDADO MODERNO COM AS VÍTIMAS

NO TÍMPANO DE certas catedrais, figura um enorme anjo munido de uma balança. Ele pesa as almas para a eternidade. Se a arte não tivesse renunciado, em nossos dias, a expressar as ideias que conduzem o mundo, ela rejuveneceria essa antiga *pesagem das almas* e seria *uma pesagem das vítimas* que esculpiríamos no frontão de nossos parlamentos, de nossas universidades, de nossos palácios da justiça, de nossas editoras, de nossas estações de televisão.

Nossa sociedade é mais preocupada com as vítimas do que nunca. Mesmo que tudo isso não passe de uma vasta encenação, o fenômeno não tem precedente. Nenhum período histórico, nenhuma sociedade conhecida por nós, nunca falou das vítimas como nós falamos. Percebem-se no passado recente os prenúncios da atitude contemporânea, mas novos recordes são batidos todos os dias. Somos todos atores e testemunhas de uma grande estreia antropológica.

Examinem os testemunhos antigos, pesquisem por toda parte, vasculhem os recantos do planeta e vocês não encontrarão nada, em lugar algum, que se assemelhe, mesmo de longe, à preocupação moderna com as vítimas. Nem a China dos mandarins, nem o Japão dos samurais, nem a Índia, nem as sociedades pré-colombianas, nem a Grécia, nem a Roma da república ou do império se preocupavam com as incontáveis vítimas que sacrificavam a seus deuses, à honra da pátria, à ambição dos conquistadores, pequenos ou grandes.

Um extraterrestre que escutasse nossas palavras sem nada conhecer da história humana imaginaria, sem dúvida, que teria existido, em algum lugar dos séculos passados, pelo menos uma sociedade muito superior à nossa no que se refere à compaixão, tão atenta aos sofrimentos dos infelizes que teria deixado uma lembrança imperecível entre os homens, e que nós a tomamos como a estrela fixa em torno da qual giram nossas obsessões a respeito das vítimas. Apenas a nostalgia de uma sociedade assim permitiria compreender nossa severidade em relação a nós mesmos, as amargas censuras que nos dirigimos.

É claro que essa sociedade ideal nunca existiu. Já no século XVIII, quando Voltaire compôs seu *Cândido*, ele procurou uma e nada encontrou que fosse superior ao mundo em que vivia. Assim, precisou inventar sua sociedade ideal do nada.

Para condenarmos a nós mesmos, o mundo, do modo que ele está, não fornece nada de satisfatório. Isso não nos impede de repetir a grandes brados, contra o universo contemporâneo, acusações que sabemos ser pertinentemente falsas. Escutamos com frequência dizer que nunca houve sociedade mais indiferente aos pobres do que a nossa. Mas como isso seria verdade se a ideia de justiça social, aliás tão imperfeitamente realizada, não se encontra em nenhum outro lugar? Ela é uma invenção muito recente.

Se falo assim, não é para eximir nosso mundo de qualquer culpa. Compartilho a convicção de meus contemporâneos a respeito de sua culpabilidade, mas tento descobrir o lugar, o ponto de vista, a partir do qual nós nos condenamos. Penso que temos excelentes razões de nos sentirmos culpados, porém não são nunca aquelas que mencionamos.

Para justificar as maldições que nos dirigimos, não basta constatar que somos mais ricos e mais bem-equipados do que todo o universo antes de nós. Mesmo nas sociedades mais miseráveis, não faltavam ricos e poderosos, e eles demonstravam em relação às vítimas que os rodeavam a mais completa indiferença.

Nosso mundo deve estar sob o impacto de uma injunção que se dirige apenas a ele. As gerações imediatamente precedentes à nossa já ouviam o mesmo apelo, porém de modo menos ensurdecedor. Quanto mais recuamos no tempo, mais se enfraquece o apelo. Tudo sugere que, no futuro, ela irá se reforçar ainda mais. Como não podemos mais fingir que não estamos escutando nada, então condenamos nossas insuficiências, mas não sabemos em nome do quê. Fingimos acreditar que todo mundo sempre escutou aquilo que nos interpela, mas na realidade somos os únicos a escutá-lo.

Comparadas com os meios de que dispomos, é verdade que nossas obras são ridículas e nossas falhas, terríveis. Temos boas razões para nos culpar, mas de onde elas vêm? Os universos que nos precedem compartilhavam tão pouco nossa preocupação que não se censuravam nem mesmo por sua própria indiferença.

Se interrogarmos nossos historiadores, eles invocarão o humanismo e outras ideias semelhantes, o que lhes permitirá jamais mencionar a religião e nunca dizer nada sobre o papel que o cristianismo — considerado nulo e inexistente — não pode deixar de desempenhar nessa história.

É verdade que na França o humanismo desenvolveu-se contra o cristianismo do Antigo Regime, acusado de cumplicidade com os poderosos, aliás com toda a razão. De um país a outro, as peripécias locais mudam, mas não podem dissimular a origem de nossa preocupação moderna com as vítimas, muito claramente cristã. O humanismo e o humanitarismo desenvolveram-se em terra cristã.

Essa é uma das coisas que Nietzsche — contra a hipocrisia de seu tempo, que já é a mesma que a nossa, mas não tão monumental — proclamou clamorosamente. O mais anticristão dos filósofos do século XIX identificou a origem de nossa culpa numa época em que ela era menos evidente que hoje, menos caricaturalmente cristã em seu anticristianismo.

Se há uma ética do cristianismo, ela se identifica com o amor pelo próximo, a caridade, e não é difícil encontrar sua origem:

> Vinde, benditos de meu Pai, recebei por herança o Reino preparado para vós desde a fundação do mundo. Pois eu tive fome e me destes de comer. Tive sede e me destes de beber. Era forasteiro e me recolhestes. Estive nu e me vestistes, preso e viestes ver-me. Então os justos lhe responderão: "Senhor, quando foi que te vimos com fome e te alimentamos, com sede e te demos de beber? Quando foi que te vimos forasteiro e te recolhemos ou nu e te vestimos? Quando foi que te vimos doente ou preso e fomos te ver?" Ao que lhes responderá o rei: "Em verdade, em verdade vos digo, cada vez que o fizestes a um desses irmãos mais pequeninos, a mim o fizestes."

> (Mt 25, 34-40)

O ideal de uma sociedade alheia à violência remonta claramente à pregação de Jesus, ao anúncio do reino de Deus. Longe de diminuir à medida que o cristianismo se afasta, sua intensidade aumenta. É fácil explicar tal paradoxo. O cuidado com as vítimas tornou-se a meta paradoxal das rivalidades miméticas, das escaladas concorrenciais.

Há vítimas em geral, mas as mais interessantes são sempre aquelas que nos permitem condenar nossos vizinhos. E estes fazem o mesmo conosco. Pensam, principalmente, nas vítimas pelas quais nos consideram responsáveis.

Não são todos, entre nós, que vivem a experiência de são Pedro e de são Paulo, descobrindo-se eles mesmos culpados de perseguição e assumindo a própria culpa em vez de combater a dos vizinhos. São nossos próximos que nos lembram de nosso dever e nós lhes prestamos o mesmo favor. Em suma, em nosso universo todo mundo joga as vítimas para cima dos outros, e o resultado final é aquele que Cristo anunciou em frases que serão esclarecidas pela primeira vez com o cuidado moderno com as vítimas:

...a fim de que se peçam contas a esta geração do sangue de todos os profetas que foi derramado desde a criação do mundo, do sangue de Abel até...

(Lc 11, 50-51)

Essa fala se concretiza com um apreciável atraso em relação ao previsto pelos primeiros cristãos, mas o importante é que ela se verificou, e não a data da verificação.

Temos agora nossos ritos vitimários, antissacrificiais, e eles se desenrolam numa ordem tão imutável quanto os ritos propriamente religiosos. Em primeiro lugar, lamentamos pelas vítimas que nos acusamos mutuamente de fazer ou de deixar fazer. Em seguida, lamentamos pela hipocrisia de toda lamentação; finalmente, nos lamentamos pelo cristianismo, indispensável bode expiatório, pois não existe rito sem vítima, e em nossos dias a vítima é sempre ele: ele é o *scapegoat of last resort*[*] e, num tom nobremente aflito, constatamos que ele nada fez para "resolver o problema da violência".

Em nossas perpétuas comparações entre o nosso mundo e os outros, temos sempre dois pesos e duas medidas. Fazemos tudo para dissimular as massacrantes superioridades do primeiro, que, de qualquer forma, só está em concorrência consigo próprio, pois hoje ele engloba todo o planeta.

Um exame minimamente atento mostra que tudo que se pode dizer contra nosso mundo é verdadeiro: ele é de longe o pior de todos. Nenhum mundo, repetimos incessantemente, e isso não é falso, nunca fez mais vítimas que ele. Mas quando se trata dele, as proposições mais opostas são todas igualmente verdadeiras: nosso mundo é também o melhor dos mundos, o que salva o maior número de vítimas. Ele nos obriga a multiplicar todo tipo de proposições mutuamente incompatíveis.

O cuidado com as vítimas nos faz avaliar, com razão, que nossos progressos no "humanitarismo" são muito lentos e sobretudo que não devemos glorificá-los, para evitar que se tornem ainda mais lentos. A preocupação moderna com as vítimas obriga-nos a uma incessante autocensura.

---

[*] "Bode expiatório de última instância", assim como um banco central é o "emprestador de última instância" (*lender of last resort*). (N.R.T.)

O aspecto peculiar do cuidado com as vítimas é que ele não se satisfaz com os sucessos passados. Se for muito elogiado, ele se retira com modéstia, buscando desviar de si próprio uma atenção que deveria se dirigir somente às vítimas. Ele se fustiga perpetuamente, denunciando sua própria moleza, seu farisaísmo. Ele é a máscara laica da caridade.

O que nos impede de examinar o cuidado com as vítimas de mais perto é esse próprio cuidado. Não importa se essa humildade é fingida ou sincera: ela é a norma em nosso mundo e, indiscutivelmente, é ao cristianismo que ela remonta. A preocupação com as vítimas não pensa em termos de estatísticas. Ela opera segundo o princípio evangélico da ovelha perdida. Por ela, se for preciso, o pastor abandonará todo seu rebanho.

Para provar a nós mesmos que não somos nem etnocêntricos nem triunfalistas, bradamos contra a autossatisfação burguesa do século passado, ridicularizamos a imbecilidade do "progresso", e caímos na imbecilidade inversa, acusando a nós mesmos de sermos a mais desumana de todas as sociedades.

As sociedades modernas podem apresentar à guisa de defesa um conjunto de realizações tão únicas na história humana que causam inveja em todo o planeta.

A abertura gradual dos claustros culturais começa em plena Idade Média, e conduz em nossos dias àquilo que chamamos de globalização, e que apenas secundariamente parece-me ser um fenômeno econômico. A verdadeira força motriz é o fim das clausuras vitimárias, é a força que, depois de ter destruído as sociedades arcaicas desmantela agora suas substitutas, as nações ditas modernas.

★ ★ ★

Como está na moda a pesagem das vítimas, vamos jogar o jogo sem trapacear. Examinemos, em primeiro lugar, o prato da balança que contém nossos sucessos: desde a alta Idade Média, todas as grandes instituições humanas evoluem no mesmo sentido, o direito público e o privado, a legislação penal, a prática judiciária, o estatuto das pessoas. De início, tudo se modifica muito lentamente, mas o ritmo acelera-se cada vez mais e, vista de muito alto, a evolução vai sempre no mesmo sentido, em direção à atenuação das penas, da maior proteção das vítimas potenciais.

Nossa sociedade aboliu a escravidão e depois a servidão. Vieram mais tarde a proteção à infância, às mulheres, aos velhos, aos estrangeiros de fora e de dentro, a luta contra a miséria e o "subdesenvolvimento". Mais recentemente ainda, foram universalizados os cuidados médicos, a proteção dos deficientes etc.

Todos os dias, novos umbrais são ultrapassados. Quando em qualquer ponto do globo ocorre uma catástrofe, as nações não atingidas sentem-se agora obrigadas a enviar socorros, participando das operações de salvamento. Vocês dirão que esses gestos são mais simbólicos que reais. E eles respondem a uma preocupação com o prestígio. Sem dúvida, mas em que época antes da nossa, e sob quais céus, a ajuda mútua internacional constituiu para as nações uma fonte de prestígio?

A única rubrica sob a qual pode se reunir tudo o que resumi, confusamente, sem me preocupar em ser completo, é o cuidado com as vítimas. Em nossos dias ele se exaspera por vezes de forma tão caricatural que chega a provocar risos, mas devemos evitar enxergar nisso apenas uma simples moda, uma tagarelice sempre ineficaz. Em primeiro lugar, não se trata de uma simples encenação. Ao longo do tempo, ele criou uma sociedade incomparável a todas as outras. Ele unificou o mundo.

Concretamente, como as coisas se passaram? A cada geração, os legisladores desciam mais profundamente a uma herança ancestral, que eles consideravam seu dever transformar. Onde seus ancestrais não viam nada a ser reformado, eles descobriam a opressão e a injustiça: o *statu quo* que durante tanto tempo parecera intocável, determinado pela natureza ou desejado pelos deuses, e muitas vezes mesmo pelo Deus cristão.

Há séculos, as ondas sucessivas do cuidado com as vítimas revelaram e reabilitaram novas categorias de bodes expiatórios nos porões da sociedade, seres cujas injustiças sofridas somente alguns gênios espirituais, no passado, imaginavam poder ser eliminadas.

Penso que a preocupação moderna com as vítimas afirma-se pela primeira vez nas instituições religiosas que chamo caritativas. Parece que tudo começa com o *hôtel-Dieu*, essa dependência da Igreja que logo se torna o hospital. O hospital acolhe todos os aleijados, todos os doentes, sem distinguir sua origem social, territorial ou mesmo religiosa. Inventar o hospital significa dissociar pela primeira vez a noção de vítima de todo pertencimento concreto, significa inventar a noção moderna de vítima.

As culturas ainda autônomas cultivavam todo tipo de solidariedades familiares, tribais, nacionais, mas não conheciam a vítima em si, a vítima anônima e desconhecida, no sentido em que se diz "o soldado desconhecido". Antes dessa descoberta, não havia humanidade no sentido pleno, senão no interior de um território determinado. Hoje todas as origens locais, regionais, nacionais, fenecem: *Ecce homo.*

Naquilo que hoje é chamado de "direitos do homem", o essencial é uma compreensão do fato de que todo indivíduo ou todo grupo de indivíduos pode se tornar o "bode expiatório" da própria comunidade. Colocar a ênfase nos direitos do homem é esforçar-se para evitar e controlar os arrebatamentos miméticos incontroláveis.

O que pressentimos, ao menos vagamente, é a possibilidade de qualquer comunidade poder perseguir os seus, seja mobilizando-se de modo súbito contra qualquer um, em qualquer lugar, a qualquer hora, de qualquer modo, a qualquer pretexto, ou, ainda mais frequentemente organizando-se de modo permanente sobre bases que favorecem uns à custa de outros, e perpetuando durante séculos, ou até milênios, formas injustas da vida social. É contra as incontáveis modalidades do mecanismo vitimário que o cuidado com as vítimas tenta nos proteger.

O poder de transformação mais eficaz não é a violência revolucionária, mas a preocupação moderna com as vítimas. O que dá forma a esse cuidado, o que o torna eficaz, é um conhecimento verdadeiro sobre a opressão e a perseguição. Tudo ocorre como se esse conhecimento tivesse surgido a princípio modestamente, e pouco a pouco tivesse tomado coragem em razão de seus primeiros sucessos. Para resumir esse conhecimento é preciso recordar as análises do capítulo precedente: é o conhecimento que separa a significação ritual da expressão "bode expiatório" de seu significado moderno. Ele se enriquece cotidianamente e, sem dúvida, amanhã será explicitamente baseado na leitura mimética das relações de perseguição.

A evolução que resumo de modo caótico confunde-se com o esforço de nossas sociedades para eliminar as estruturas permanentes de bode expiatório sobre as quais foram fundadas, à medida que tomamos consciência de sua existência. Essa transformação aparece como um imperativo moral. Sociedades que não viam a necessidade de se transformar são pouco a pouco modificadas sempre no mesmo sentido, em resposta ao desejo de reparar as injustiças passadas e de suscitar relações mais "humanas" entre os homens.

Cada vez que uma nova etapa é ultrapassada, manifesta-se uma oposição inicialmente muito intensa entre os privilegiados lesados em seus interesses. Uma vez que a situação é modificada, os resultados não são mais postos em questão de maneira séria.

Nos séculos XVIII e XIX percebeu-se que essa evolução estava criando um conjunto de nações único na história da humanidade, pelo fato de sua transformação social e moral ser acompanhada de progressos técnicos e econômicos também sem precedentes.

É claro que foram apenas as classes privilegiadas que fizeram essa constatação, e elas disso tiraram um orgulho e uma insolência extraordinários, para os quais as grandes catástrofes do século XX podem ser consideradas até certo ponto o castigo inevitável.

Os mundos antigos eram comparáveis entre si, o nosso é realmente único. Sua superioridade em todos os campos é tão massacrante, tão evidente que, paradoxalmente, é proibido falar disso.

É o medo da volta a um orgulho tirânico que dita essa proibição, assim como o temor de humilhar as sociedades que não fazem parte do grupo privilegiado. Em outras palavras, é mais uma vez a preocupação com as vítimas que silencia a respeito de si própria.

Nossa sociedade acusa-se perpetuamente de crimes e erros pelos quais ela é, sem dúvida, culpada em termos absolutos, mas é inocente relativamente a todos os outros tipos de sociedades. Evidentemente, não deixamos de ser "etnocêntricos". Mas não deixamos de ser, também evidentemente, a menos etnocêntrica de todas as sociedades. Fomos nós que inventamos a noção já há cinco ou seis séculos — o capítulo de Montaigne sobre os "canibais" demonstra isso. Para sermos capazes de tal invenção, seria preciso já sermos menos etnocêntricos que outras sociedades, tão exclusivamente preocupadas com elas mesmas que a noção de etnocentrismo não lhes ocorria ao espírito.

É verdade que nosso mundo não inventou a compaixão, mas a universalizou. Nas culturas arcaicas, ela se exercia exclusivamente no interior de grupos extremamente restritos. A fronteira era sempre marcada pelas vítimas. Os mamíferos marcam suas fronteiras territoriais com seus excrementos. Durante muito tempo os homens fizeram a mesma coisa com essa forma particular de excremento que são para eles seus bodes expiatórios.

XIV

A dupla herança de Nietzsche

Em nossa pesagem das almas, examinemos agora o prato da balança que contém nossos fracassos, nossos erros, nossas falhas. Embora o fato de estarmos libertos dos bodes expiatórios e dos ritos sacrificiais nos proporcione grandes vantagens, ele é também causa de inúmeras opressões e de perseguições, fonte de perigos, ameaça de destruição.

Há séculos, o acréscimo de justiça que devemos ao cuidado com as vítimas libera nossas energias e aumenta nosso poder, mas nos submete igualmente a tentações às quais volta e meia sucumbimos: conquistas coloniais, abusos de poder, guerras monstruosas do século XX, predação do planeta etc.

A nosso ver, de todos os desastres dos dois últimos séculos o mais significativo foi a destruição sistemática do povo judeu pelo nacional-socialismo alemão. Embora não haja nada mais comum na história humana que os massacres, em geral eles são concebidos no calor da ação, eles representam uma vingança imediata, uma ferocidade espontânea. Caso sejam premeditados, correspondem a objetivos claramente identificáveis.

O genocídio hitleriano é outra coisa. Ele está, sem dúvida, ligado à longa história de perseguições antissemitas no Ocidente cristão, mas essa tradição nefasta não explica tudo. Nesse projeto de aniquilamento minuciosamente concebido e executado, algo escapa aos critérios habituais. Longe de servir aos objetivos bélicos alemães, esse imenso massacre os desservia.

O genocídio hitleriano contradiz de maneira tão flagrante a tese exposta no capítulo precedente — a de um mundo ocidental e moderno dominado pelo cuidado com as vítimas — que ele me obriga seja a ignorar, seja a enfrentar a contradição trazida ao coração de minha interpretação. Parece-me que a segunda solução seja a boa. A meus olhos, o objetivo espiritual do hitlerismo era arrancar primeiramente a Alemanha, depois a Europa, da vocação que lhes é atribuída por sua tradição religiosa, a preocupação com as vítimas.

Por razões táticas evidentes, o nazismo em guerra tentava dissimular o genocídio. Penso que, se ele tivesse vencido, iria torná-lo público, para demonstrar que, graças a ele, o cuidado com as vítimas não era mais o sentido irrevogável de nossa história.

Supor, como estou fazendo, que os nazistas identificavam claramente no cuidado com as vítimas o valor dominante de nosso mundo não significaria superestimar sua perspicácia na ordem espiritual? Não acredito. Nesse campo, eles se apoiavam no pensador que descobriu, no plano antropológico, a vocação vitimária do cristianismo: Friedrich Nietzsche.

Esse filósofo foi o primeiro a compreender que a violência coletiva dos mitos e dos ritos (tudo o que ele chamava de "Dioniso") é do mesmo tipo que a violência da Paixão. Ele afirma que a diferença não está nos fatos, que são os mesmos nos dois casos, mas em sua interpretação.

Os etnólogos eram positivistas demais para compreender a distinção entre os fatos e sua interpretação, sua *representação*. Em nossos dias os "desconstrutores" inverteram o erro positivista. A seus olhos, apenas a interpretação existe. Eles pretendem ser mais nietzschianos que Nietzsche. Em vez de esvaziar os problemas de interpretação, como faziam os positivistas, eles esvaziam os fatos.

Em certos escritos inéditos do último período, Nietzsche evita o duplo erro positivista e pós-moderno, e descobre a verdade que depois dele eu não paro de repetir, a verdade que domina o presente livro: na *paixão* dionisíaca e na *paixão* de Jesus temos a mesma violência coletiva, mas a interpretação é diferente:

> Dioniso contra o "crucificado": eis claramente a oposição. Não é uma diferença quanto ao martírio — mas este tem um sentido diferente. A própria vida, sua eterna fecundidade, seu eterno retorno, determina o tormento, a destruição, a vontade de aniquilar. No outro caso, o sofrimento, o "crucificado", enquanto "inocente", serve de argumento contra essa vida, de fórmula de sua condenação.*

Entre Dioniso e Jesus "não há diferença quanto ao martírio", ou, em outros termos, os relatos da Paixão contam o mesmo tipo de drama que os mitos, mas é no "sentido" que reside a diferença. Enquanto Dioniso aprova e organiza o linchamento da vítima única, Jesus e os Evangelhos o desaprovam.

---

* Friedrich Nietzsche, "Fragments posthumes, début 1888-Janvier 1889", in: *Oeuvres complètes*, vol. XIV. Paris: Gallimard, 1977, p. 63.

É exatamente isso que digo e redigo: os mitos repousam sobre uma perseguição unânime. O judaísmo e o cristianismo destroem essa unanimidade para defender as vítimas injustamente condenadas, para condenar os carrascos injustamente legitimados.

Por incrível que pareça, essa constatação simples, mas fundamental, não tinha sido feita por ninguém antes de Nietzsche, nem mesmo por um único cristão! Por conseguinte, a respeito desse ponto preciso, devemos render a Nietzsche a merecida homenagem. Para além desse ponto, infelizmente, o filósofo nada mais faz senão delirar. Ao invés de reconhecer na inversão do esquema mítico uma *verdade* incontestável que apenas a tradição judaico-cristã proclama, Nietzsche faz de tudo para desacreditar a tomada de posição em favor das vítimas.

Ele vê perfeitamente que em ambos os casos trata-se da mesma violência ("não é uma diferença quanto ao martírio"), mas não enxerga, não quer enxergar, a injustiça dessa violência. Ele não vê, ou não quer admitir, que a unanimidade sempre presente nos mitos repousa necessariamente em contágios miméticos passivamente sofridos e ignorados, ao passo que nos Evangelhos, ao contrário, o mimetismo violento é conhecido e denunciado, assim como já ocorre na história de José e nos outros grandes textos bíblicos.

Para desacreditar a tradição judaico-cristã, Nietzsche esforça-se por mostrar que sua tomada de posição em favor das vítimas enraíza-se num ressentimento mesquinho. Observando que os primeiros cristãos pertenciam principalmente às classes inferiores, ele os acusa de simpatizarem com as vítimas para satisfazer seu ressentimento contra o paganismo aristocrático. É a famosa "moral dos escravos".

Eis como Nietzsche entende a "genealogia" do cristianismo! Ele acredita estar se opondo ao espírito gregário e não reconhece em seu espírito dionisíaco a expressão suprema da multidão no que ela tem de mais brutal, de mais estúpido.

Ao reabilitar as vítimas dos mecanismos vitimários, o cristianismo não obedece a intenções escusas. Ele não se deixa seduzir por um humanitarismo contaminado pelo ressentimento social. Ele retifica a ilusão dos mitos, revela a mentira da "acusação satânica".

Como aqui Nietzsche permanece cego ao mimetismo e seus contágios, ele não vê que, longe de proceder de um preconceito favorável em favor dos fracos contra os fortes, a tomada de posição evangélica é a heroica resistência ao contágio violento, é a clarividência de uma pequena minoria que ousa se opor ao gregarismo monstruoso do linchamento dionisíaco.

Para escapar das consequências de sua própria descoberta e persistir numa negação desesperada da verdade judaico-cristã, Nietzsche recorre a procedimentos tão grosseiros, tão indignos de suas melhores análises que sua inteligência não resistirá a isso.

Penso não ser por acaso que a descoberta explícita por Nietzsche do que Dioniso e o Crucificado têm em comum, e do que os separa, precedeu de tão perto seu desmoronamento definitivo. Os devotos nietzschianos esforçam-se para privar essa demência de qualquer significação. Compreendemos perfeitamente a razão. O absurdo da loucura desempenha em seu pensamento o papel protetor que a própria loucura desempenha para Nietzsche. O filósofo não conseguiu se instalar confortavelmente nas monstruosidades às quais a necessidade de minimizar a própria descoberta o acuava e refugiou-se na loucura.

Existe um avanço histórico inexorável da verdade cristã em nosso mundo. Paradoxalmente, ela é inseparável do aparente enfraquecimento do cristianismo. Quanto mais o cristianismo sitia nosso mundo, no sentido em que sitia o último Nietzsche, mais se torna difícil escapar, por meios relativamente anódinos, por compromissos "humanistas" no estilo de nossos velhos bons positivistas.

Para eludir a própria descoberta, e para defender a violência mitológica, Nietzsche tem de justificar o *sacrifício humano*, coisa que ele não hesita em fazer recorrendo a argumentos monstruosos. Ele supervaloriza o pior darwinismo social. Sugere que, para evitar a degeneração, as sociedades devem se livrar dos dejetos humanos que as entulham:

> O indivíduo foi tomado tão a sério, tão bem-colocado como absoluto pelo cristianismo, que não se podia mais *sacrificá-lo*: mas a espécie só sobrevive graças aos sacrifícios humanos... A verdadeira filantropia exige o sacrifício pelo bem da espécie — ela é dura, exige o autocontrole, porque necessita do sacrifício humano. E essa pseudo-humanidade, que se intitula cristianismo, quer precisamente impor que *ninguém seja sacrificado*.*

---

* Ibid, p. 224-5.

Por mais fraco e doente que estivesse, Nietzsche nunca perdia a oportunidade de fustigar os cuidados com fracos e doentes. Como um verdadeiro Dom Quixote da morte, ele condena qualquer medida em favor dos deserdados. No cuidado com as vítimas, ele denuncia a causa daquilo que considera como o envelhecimento precoce de nossa civilização, o acelerador de nossa decadência.

Essa tese não merece nem mesmo ser refutada. Em vez de estar envelhecendo rapidamente, o mundo ocidental caracteriza-se por uma extraordinária longevidade, devida à renovação e à permanente ampliação de suas elites.

Com certeza, a defesa evangélica das vítimas é mais humana do que a doutrina de Nietzsche, mas ela não deve ser vista como a torção de alguma "dura verdade". É o cristianismo que detém a verdade contra a loucura nietzschiana.

Ao condenar loucamente a verdadeira grandeza de nosso mundo, não somente Nietzsche destruiu a si próprio, mas sugeriu e encorajou as terríveis destruições do nacional-socialismo.

Para apressar a desagregação e a morte da tradição judaico-cristã, os nazistas viam claramente que a "genealogia" nietzschiana não bastaria. Após a conquista do poder, eles dispunham de recursos certamente muito superiores aos de um infeliz filósofo semilouco.

Enterrar a preocupação moderna com as vítimas sob incontáveis cadáveres foi a maneira nacional-socialista de ser nietzschiano. Afirma-se que essa interpretação horrorizaria o infeliz Nietzsche. É provável. Esse filósofo partilhava com muitos intelectuais de seu tempo e do nosso a paixão pelos exageros irresponsáveis. Para sua infelicidade, os filósofos não estão sozinhos no mundo. Autênticos malucos os rodeiam, e por vezes lhes pregam a pior peça que poderia ser pregada: tomá-los ao pé da letra.

Desde a Segunda Guerra Mundial toda uma nova onda intelectual hostil ao nazismo, porém mais niilista que nunca, mais que nunca tributária de Nietzsche, acumulou montanhas de sofismas para eximir seu pensador preferido de qualquer responsabilidade na aventura nacional-socialista.

Mas nem por isso Nietzsche deixou de ser o autor dos únicos textos capazes de esclarecer a monstruosidade nazista. Se existe uma essência espiritual do movimento, ela é expressa por Nietzsche.

Os intelectuais do pós-guerra alegremente escamotearam os textos que acabei de citar. Eles se sentiam autorizados a isso pelo verdadeiro sucessor de Nietzsche, o intérprete quase oficial de seu pensamento segundo os sempiternos vanguardistas: Martin Heidegger. Desde antes da guerra, esse espírito profundo havia lançado um prudente interdito sobre a versão nietzschiana do neopaganismo filosófico. Ele excomungou a reflexão sobre Dioniso e o Crucificado, denunciando aí, não sem esperteza, uma simples rivalidade mimética entre Nietzsche e o "monoteísmo judeu".

Heidegger proibiu o estudo desses textos sem nunca repudiar seu conteúdo. Sabemos que estigmatizar a desumanidade do que se passava a seu redor não era seu forte. Sua autoridade não sofreu com isso. Durante a segunda metade do século XX ela permaneceu tão grande que, até seus últimos anos, ninguém ousava transgredir a proibição lançada por Heidegger sobre a problemática religiosa de Nietzsche.

★ ★ ★

Apesar das inumeráveis vítimas, o empreendimento hitleriano acabou fracassando. Ao invés de sufocar o cuidado com as vítimas, ele acelerou seus progressos, mas o desmoralizou completamente. O hitlerismo vinga-se de seu fracasso invalidando a preocupação com as vítimas, tornando-a caricatural.

Parece que num mundo em que o relativismo triunfou sobre a religião e sobre todo "valor" derivado do religioso, o cuidado com as vítimas está mais vivo que nunca.

O otimismo orgulhoso dos séculos XVIII e XIX, que acreditavam dever apenas a si próprios o progresso científico e técnico, foi substituído, na segunda metade do século XX, por um pessimismo negro. Embora compreensível, tal reação é tão excessiva quanto a arrogância precedente.

Como afirmei, vivemos num mundo que reprova sua própria violência de modo constante, sistemático e ritual. Demos um jeito de transpor nossos conflitos, mesmo aqueles que menos se prestam a essa transposição, para a linguagem das vítimas inocentes. O debate sobre o aborto, por exemplo: quer se seja pró ou contra, é sempre no interesse das "verdadeiras vítimas", se dermos crédito a nós mesmos, que escolhemos nosso campo. Quem merece mais nossos lamentos: as mães que se sacrificam por seus filhos ou as crianças sacrificadas ao hedonismo contemporâneo? Eis a questão.

Ainda que os niilistas de extrema esquerda sejam tão apaixonados por Nietzsche quanto os de extrema direita, eles evitam colocar em lugar de honra a desconstrução quinta-essencial, referente ao cuidado com as vítimas. Desde o fracasso com o nazismo, nenhuma desconstrução, nenhum desmistificador atacou esse valor. E, no entanto, era aí que, aos olhos de Nietzsche, estava em jogo o destino de seu pensamento.

★ ★ ★

Como o cuidado com as vítimas é exclusivamente reservado ao nosso mundo, poderíamos pensar que ele nos marginalizaria em relação ao passado. Mas não é isso que ocorre: é ele que marginaliza o passado. Em todos os tons, repete-se que não temos absoluto, mas a impotência de Hitler e Nietzsche para demolir o cuidado com as vítimas, seguida, em nossos dias, pela evasão dos genealogistas, mostra claramente que esse cuidado não é mais passível de relativização. Ela é nosso absoluto.

Se ninguém consegue "tirar da moda" a preocupação com as vítimas, é porque só ela em nosso mundo não se origina de uma moda (mesmo que suas modalidades com frequência se originem). Não é por acaso que o aumento de poder da vítima coincide com a chegada da primeira cultura verdadeiramente planetária.

Para designar uma dimensão permanente, imutável da existência humana, os filósofos existenciais falavam de *cuidado*. É pensando nesse uso que retomo esse termo. Eu o associo a *moderno* para ressaltar o paradoxo de um valor cuja recente chegada histórica não impede de forma alguma que ele seja imposto com a evidência do imutável e do eterno.

Para além dos absolutos recentemente desmoronados — o humanismo, o racionalismo, a revolução, a própria ciência — não existe hoje a ausência de absoluto que antigamente nos era anunciada. Existe o cuidado com as vítimas, e é ele que, para o melhor e para o pior, domina a monocultura planetária em que vivemos.

A globalização é fruto desse cuidado, e não o contrário. Em todas as atividades econômicas, científicas, artísticas, e mesmo religiosas, é o cuidado com as vítimas que determina o essencial, e não o progresso das ciências, nem a economia de mercado, nem a "história da metafísica".

Quando examinamos as defuntas ideologias, percebemos que o que havia de durável nelas já era o cuidado, ainda envolvido em superfluidades filosóficas. Em nossos dias, tudo se decanta e o cuidado com as vítimas revela-se abertamente, em toda sua pureza e sua impureza. Retrospectivamente é ele, vê-se com clareza, que há séculos governa de modo sub-reptício a evolução de nosso mundo.

Se o cuidado com as vítimas se revela, é porque todas as grandes formas do pensamento moderno estão esgotadas, desacreditadas. Após nossas derrocadas ideológicas, nossos intelectuais pensavam estar se instalando para sempre na deliciosa sinecura de um niilismo sem obrigações nem sanções. Hoje estão desencantados. Nosso niilismo é falso niilismo. Para acreditar em sua realidade, tentamos transformar o cuidado com as vítimas numa atitude evidente, um sentimento tão generalizado que não pode ser considerado um valor. Na realidade, temos aí uma exceção flagrante de nossa miséria. Em torno dela, há sem dúvida o deserto, mas isso ocorre em todos os universos dominados por um absoluto.

* * *

O que há um século ainda necessitava da perspicácia de um Nietzsche para ser identificado, pode ser percebido hoje por qualquer criança. A perpétua supervalorização transforma o cuidado com as vítimas em uma injunção totalitária, uma inquisição permanente. Até mesmo as mídias percebem e zombam da "vitimologia", o que não as impede de explorá-las.

Portanto, o fato de nosso mundo tornar-se massivamente anticristão, pelo menos em suas elites, não impede que o cuidado com as vítimas se perpetue e se reforce, muitas vezes assumindo formas aberrantes.

A majestosa inauguração da era "pós-cristã" é uma piada. Encontramo-nos em meio a um ultracristianismo caricatural que tenta escapar da órbita judaico-cristã "radicalizando" o cuidado das vítimas num sentido anticristão.

As transcendências mentirosas estão se desagregando no universo inteiro sob o efeito da revelação cristã. Essa desagregação causa, um pouco em toda parte, também o recuo da religião, paradoxalmente, o recuo do próprio cristianismo, contaminado por tanto tempo com resquícios "sacrificiais" que permanece vulnerável aos ataques de numerosos adversários.

A influência de Nietzsche é muito presente em nosso mundo. Quando se voltam para a Bíblia ou o Novo Testamento, muitos intelectuais afirmam farejar aí, com um desgosto aprendido com Nietzsche, o que eles chamam de "fedor de bode expiatório", sempre qualificado por eles de "nauseabundo", imagino que como lembrança do bode original.

Nunca é do lado de Dioniso e de Édipo que esses rebuscados cães de caça exercem a deliciosa delicadeza de seu olfato. Reparem que ninguém jamais identifica nos mitos o fedor de cadáveres mal-enterrados. Os mitos nunca são suspeitos.

Desde a primeira Renascença, o pagão desfruta junto a nossos intelectuais uma reputação de transparência, de saúde e de salubridade que nada pode abalar. Ele é sempre favoravelmente oposto a tudo que o judaísmo e o cristianismo comportariam, ao contrário, de doentio.

Até o nazismo, o judaísmo era a vítima preferencial desse sistema de bode expiatório. O cristianismo só vinha em segundo lugar. Em contrapartida, desde o Holocausto, ninguém mais ousa atacar o judaísmo, e o cristianismo foi promovido ao papel de bode expiatório número um. Todo mundo se extasia diante do caráter arejado, saudavelmente esportivo da civilização grega, comparado à atmosfera fechada, suspeita, sombria e repressiva do universo judaico e cristão. É esse o bê-á-bá da universidade e é também o verdadeiro vínculo entre os dois nietzschianismos do século XX, sua hostilidade comum a nossa tradição religiosa.

Para que nosso mundo escapasse realmente ao cristianismo seria necessário que ele renunciasse verdadeiramente ao cuidado com as vítimas, e foi exatamente isso que Nietzsche e o nazismo compreenderam. Eles esperavam relativizar o cristianismo, revelando nele uma religião como as outras, suscetível de ser substituída ou pelo ateísmo ou então por uma religião realmente nova, completamente diferente da Bíblia. Heidegger não abandonou a esperança de uma extinção completa da influência cristã, e de uma nova partida do

EU VIA SATANÁS CAIR COMO UM RELÂMPAGO | 253

zero, de um novo ciclo mimético. Penso ser esse o sentido da frase mais célebre da entrevista testamentária publicada no *Der Spiegel* após a morte do filósofo: "Só um deus pode nos salvar."

A tentativa de fazer com que os homens esquecessem do cuidado com as vítimas, a de Nietzsche e a de Hitler, concluiu-se com uma falência que parece definitiva, pelo menos por enquanto. No entanto, em nosso mundo, não é o cristianismo que desfruta o triunfo do cuidado com as vítimas, mas o que devemos nomear de *o outro totalitarismo*, o mais esperto dos dois, com perspectiva de um futuro mais fértil, aquele que, ao invés de se opor abertamente às aspirações judaico-cristãs, reivindica-as como algo seu e contesta a autenticidade do cuidado com as vítimas entre os cristãos (não sem certa aparência de razão no nível da ação concreta, da encarnação histórica do cristianismo real no decorrer da história).

Em vez de opor-se abertamente ao cristianismo, o outro totalitarismo transborda-o a partir de sua esquerda.

Durante todo o século XX, a força mimética mais poderosa nunca foi o nazismo e as ideologias a ele aparentadas, aquelas que se opõem abertamente ao cuidado com as vítimas, aquelas que reconhecem com facilidade sua origem judaico-cristã. O movimento anticristão mais poderoso é aquele que reassume e "radicaliza" o cuidado com as vítimas para paganizá-lo. As potestades e os principados consideram-se agora "revolucionários" e censuram ao cristianismo o fato de não defender as vítimas com bastante ardor. No passado cristão elas só veem perseguições, opressões, inquisições.

O outro totalitarismo apresenta-se como libertador da humanidade, e para usurpar o lugar do Cristo as potestades imitam-no de modo rivalitário, denunciando no cuidado cristão das vítimas uma hipócrita e pálida imitação da autêntica cruzada contra a opressão e a perseguição das quais elas seriam a ponta de lança.

Podemos dizer que, na linguagem simbólica do Novo Testamento, para tentar se restabelecer e triunfar novamente, Satanás assume em nosso mundo a linguagem das vítimas. Satanás imita cada vez melhor Cristo e pretende ultrapassá-lo. Essa imitação usurpadora está presente há muito tempo no mundo cristianizado, mas em nossa época reforçou-se enormemente. É o processo que o Novo Testamento evoca na linguagem do *Anticristo*. Para compreender esse termo é preciso começar por desdramatizá-lo, pois ele corresponde a uma realidade muito cotidiana, muito prosaica.

O *Anticristo* vangloria-se por trazer aos homens a paz e a tolerância que o cristianismo lhes promete em vão. Na realidade, o que a radicalização da vitimologia contemporânea traz é um retorno muito efetivo a todos os tipos de hábitos pagãos: o aborto, a eutanásia, a indiferenciação sexual, a proliferação dos jogos de circo, ainda que sem vítimas reais graças às simulações eletrônicas etc.

O neopaganismo quer fazer do Decálogo e de toda moral judaico-cristã uma violência intolerável, e sua completa abolição é o primeiro de seus objetivos. A fiel observância da lei moral é percebida como uma cumplicidade com as forças de perseguição, que seriam essencialmente religiosas.

Como só tardiamente as Igrejas cristãs tomaram consciência de suas faltas de caridade, de sua conivência com a ordem estabelecida, no mundo de ontem e de hoje, sempre "sacrificial", elas são particularmente vulneráveis à chantagem permanente à qual o neopaganismo contemporâneo as submete.

Esse neopaganismo situa a felicidade na saciedade ilimitada dos desejos e, consequentemente, na supressão de todas as interdições. A ideia adquire um ar de verossimilhança no domínio limitado dos bens de consumo, cuja prodigiosa multiplicação, graças ao progresso técnico, atenua certas rivalidades miméticas, conferindo uma aparência plausível à tese que faz de qualquer lei moral um puro instrumento de repressão e de perseguição.

CONCLUSÃO

COMO JÁ AFIRMEI, Simone Weil sugere que, antes mesmo de ser uma teoria de Deus, os Evangelhos são uma teoria do homem. Embora ela desconheça o papel da Bíblia hebraica, essa intuição, no que tem de positivo, corresponde ao que acabamos de descobrir.

Para compreender essa antropologia, é preciso completá-la com as proposições evangélicas sobre Satanás, que, longe de serem absurdas ou fantasiosas, reformulam em outra linguagem a teoria dos escândalos e o jogo de uma violência mimética que primeiro decompõe as comunidades e depois as recompõe, graças aos bodes expiatórios unânimes.

Em todos os títulos e funções atribuídos a Satanás — o "tentador", o "acusador", o "príncipe deste mundo", o "príncipe das trevas", o "assassino desde a origem", o encenador dissimulado da Paixão —, vemos reaparecer todos os sintomas e a evolução da doença do desejo diagnosticada por Jesus.

A ideia evangélica de Satanás permite que os Evangelhos formulem o paradoxo fundador das sociedades arcaicas. Elas existem apenas em virtude da doença que deveria impedi-las de existir. Em suas crises agudas, a doença do desejo desencadeia o que faz dela seu próprio antídoto, a unanimidade violenta e pacificadora do bode expiatório. Os efeitos apaziguadores dessa violência prolongam-se nos sistemas rituais que estabilizam as comunidades. A fórmula seguinte resume tudo isso: *Satanás expulsa Satanás*.

A teoria evangélica de Satanás descobre um segredo que nem as antropologias antigas nem as modernas jamais descobriram: no religioso arcaico a violência é um paliativo temporário. Longe de estar verdadeiramente curada, no final das contas a doença sempre ressurge.

Reconhecer em Satanás o mimetismo violento, como fazemos, é acabar de desacreditar o príncipe deste mundo, é concluir a desmistificação evangélica, é contribuir para essa "queda de Satanás" que Jesus anuncia aos homens antes de sua crucificação. A potência reveladora da Cruz dissipa as trevas das quais o príncipe deste mundo não pode se privar para conservar seu poder.

Sob o aspecto antropológico, os Evangelhos são como um mapa rodoviário relativo às crises miméticas e à sua resolução mítico-ritual, um guia que permite circular na religião arcaica sem se extraviar.

★ ★ ★

Só existem duas maneiras de narrar a sequência da crise mimética e de sua resolução violenta, a verdadeira e a falsa.

1) Não identificamos o arrebatamento mimético por participarmos dele sem perceber. Estamos então condenados a uma mentira que nunca poderá ser retificada, pois acreditamos sinceramente na culpabilidade de todos os bodes expiatórios. São os mitos que procedem assim.

2) Identificamos o arrebatamento mimético do qual não participamos, e assim podemos descrevê-lo como ele é na

verdade. Os bodes expiatórios injustamente condenados são reabilitados. Apenas a Bíblia hebraica e os Evangelhos são capazes disso.

Portanto, existe claramente ao lado do dado comum, e graças a ele, entre os mitos de um lado e, de outro, o judaísmo e o cristianismo, o abismo insondável que separa a mentira e a verdade, a diferença insuperável reivindicada pelo judaísmo e o cristianismo. Nós a definimos uma primeira vez opondo Édipo a José, e uma segunda opondo os Evangelhos a qualquer mitologia.

Os primeiros cristãos sentiam quase fisicamente a diferença judaico-cristã. Em nossos dias ela não é mais sentida, mas fomos capazes de identificá-la comparando os textos. Tornamos sua evidência manifesta no plano da análise antropológica, definindo-a de modo racional.

★ ★ ★

A palavra evangélica é a única a problematizar realmente a violência humana. Em todas as outras reflexões sobre o homem, a questão da violência é resolvida antes mesmo de ser proposta. Ou a violência é considerada divina, e temos os mitos, ou é atribuída à natureza humana, e temos a biologia, ou então é reservada apenas a certos homens (que consistem então em excelentes bodes expiatórios), e temos as ideologias, ou ainda é considerada acidental e imprevisível demais para que o saber humano possa levá-la em conta: essa é a nossa boa e velha filosofia do Iluminismo.

Diante de José, ao contrário, diante de Jó, diante de Jesus, diante de João Batista e ainda de outras vítimas, perguntamos:

por que tantos inocentes expulsos e massacrados por tantas multidões furiosas, por que tantas comunidades enlouquecidas?

A revelação cristã esclarece não somente tudo o que vem antes dela, os mitos e os rituais, mas também tudo o que vem depois, a história que estamos forjando, a decomposição sempre mais completa do sagrado arcaico, a abertura para um futuro globalizado, cada vez mais liberto das antigas servidões, mas ao mesmo tempo privado de qualquer proteção sacrificial.

O saber que nossa violência adquire sobre si própria graças à nossa tradição religiosa não suprime os fenômenos de bode expiatório, mas os enfraquece suficientemente para reduzir cada vez mais sua eficácia. É esse o verdadeiro sentido da espera *apocalíptica* em toda a história cristã, espera que nada tem de irracional em seu princípio. Essa racionalidade inscreve-se todos os dias mais profundamente nos dados concretos da história contemporânea, as questões de armamento, de ecologia, de população etc.

O tema apocalíptico ocupa um lugar importante no Novo Testamento. Longe de ser a retomada mecânica das preocupações judaicas privadas de qualquer atualidade em nosso mundo, como pensava Albert Schweitzer e como se continua a afirmar, esse tema faz parte integrante da mensagem cristã. Não perceber isso é amputar essa mensagem de algo essencial, é destruir sua unidade.

As análises precedentes conduzem a uma interpretação puramente antropológica e racional desse tema, uma interpretação que, em vez de ridicularizá-lo, justifica sua existência, como todas as interpretações ao mesmo tempo desmistificadoras e cristãs da presente obra.

Revelando o segredo do príncipe deste mundo, desvelando a verdade dos arrebatamentos miméticos e dos mecanismos vitimários, os relatos da Paixão subvertem a fonte da ordem humana. As trevas de Satanás não são mais suficientemente espessas para dissimular a inocência das vítimas que, ao mesmo tempo, são cada vez menos "catárticas". Não podemos mais realmente "purgar" ou "purificar" as comunidades de sua violência.

Satanás não pode mais recalcar suas próprias desordens na base do mecanismo vitimário. Satanás não pode mais expulsar Satanás. Não devemos concluir daí que os homens irão se livrar imediatamente de seu príncipe hoje caído.

No Evangelho de Lucas, o Cristo vê Satanás "cair como um relâmpago". Evidentemente, é sobre a terra que ele cai, e ele não irá permanecer inativo. Não é o fim imediato de Satanás que Jesus anuncia, pelo menos não ainda, é o fim de sua transcendência mentirosa, de seu poder de restabelecer a ordem.

Para significar as consequências da revelação cristã, o Novo Testamento dispõe de todo um jogo de metáforas. Pode-se dizer sobre Satanás, repito, que ele não pode mais expulsar a si próprio. Pode-se dizer também que ele não pode mais se "acorrentar", e no fundo é a mesma coisa. Como os dias de Satanás estão contados, ele se aproveita disso ao máximo e literalmente se desencadeia.

O cristianismo estende o campo de uma liberdade, da qual os indivíduos e as comunidades fazem o uso que lhes apraz, por vezes bom, muitas vezes mau.

O mau uso da liberdade contradiz, é claro, as aspirações de Jesus para a humanidade. Mas se Deus não respeitasse a liberdade dos homens, caso se impusesse a eles pela força ou mesmo pelo prestígio, em suma, pelo contágio mimético, não se distinguiria de Satanás.

Não é Jesus que rejeita o reino de Deus, são os homens, inclusive muitos daqueles que se creem não violentos simplesmente por se beneficiarem ao máximo da proteção das potestades e dos principados, não se utilizando nunca da força.

Jesus distingue dois tipos de paz. A primeira é aquela que ele propõe à humanidade. Por mais simples que sejam suas regras, ela "ultrapassa o entendimento humano", pela simples razão de que a única paz que conhecemos é a treva dos bodes expiatórios, "a paz tal qual é oferecida pelo mundo". É a paz das potências e dos principados, mais ou menos "satânica". É dessa paz que a revelação evangélica nos priva cada vez mais.

O Cristo não pode trazer aos homens a paz realmente divina sem nos privar previamente da única paz de que dispomos. É esse processo histórico necessariamente temível que estamos vivendo.

O que retarda o "desencadeamento de Satanás" é definido por são Paulo, na Epístola aos Tessalonicenses como um *kathéchon*, ou, em outros termos, como aquilo que *contém* o Apocalipse no duplo sentido da palavra francesa, assinalado por J.-P. Dupuy: fechar em si mesmo e reter em certos limites.

Trata-se necessariamente de um conjunto em que as qualidades mais contrárias se compõem, tanto a força de inércia das potências deste mundo, sua não compreensão da Revelação, quanto sua compreensão, sua faculdade de adaptação.* E o atraso do apocalipse deve-se ainda e talvez,

---

* A esse respeito, ver o seguinte ensaio: Wolfgang Palaver, "Hobbes et le *katéchon*: the Secularization of Sacrificial Christianity", in: *Contagion*, primavera de 1995, p. 57-74.

sobretudo, ao comportamento dos indivíduos que se esforçam por renunciar à violência e desencorajar o espírito de represálias.

A verdadeira desmistificação nada tem a ver com os automóveis e a eletricidade; contrariamente ao que Bultmann imaginava, ela provém de nossa tradição religiosa. Nós, os "modernos", acreditamos ter incorporado a ciência pelo fato de estarmos imersos em nossa "modernidade". Essa tautologia que temos repetido há três séculos dispensa-nos de pensar.

Por que o verdadeiro princípio de demitização só é formulado em uma única tradição religiosa, a nossa? Não seria isso uma injustiça insuportável com relação à época dos "pluralismos" e dos "multiculturalismos"? O essencial não seria não provocar inveja? Não é preciso sacrificar a verdade à paz do mundo para evitar as terríveis guerras de religião que estamos preparando, como se diz por toda parte, se defendemos o que acreditamos ser a verdade?

Para responder a essa questão, passo a palavra a Giuseppe Fornari:

> O fato de possuirmos [no cristianismo] um instrumento de conhecimento desconhecido pelos gregos não nos dá o direito de nos considerarmos melhores do que eles, e o mesmo ocorre para todas as culturas não cristãs. Não é uma identidade cultural determinada que dota o cristianismo de seu poder de penetração, mas seu poder de resgatar *toda* a história humana, resumindo e transcendendo todas as suas formas sacrificiais. É aí que se encontra a verdadeira metalinguagem espiritual, única capaz de descrever e ultrapassar a linguagem da violência [...] E é isso que explica a difusão extremamente rápida dessa

religião no mundo pagão, o que lhe permitiu absorver a força viva de seus símbolos e de seus costumes.*

★ ★ ★

A verdade é extremamente rara nesta terra. Cabe mesmo pensar se ela não seria totalmente ausente. De fato, os arrebatamentos miméticos são, por definição, unânimes. Cada vez que um deles acontece, convence todas as testemunhas, sem exceção. Transforma todos os membros da comunidade em falsas testemunhas inabaláveis, já que incapazes de perceber a realidade.

Dadas as propriedades do mimetismo, o segredo de Satanás deveria estar protegido de qualquer revelação. Das duas uma: ou o mecanismo vitimário é disparado e sua unanimidade elimina todas as testemunhas lúcidas, ou então ele não dispara, as testemunhas permanecem lúcidas, mas nada têm a revelar. Nas condições normais, o mecanismo vitimário não é passível de ser conhecido. O segredo de Satanás é inviolável.

Diferentemente de todos os outros fenômenos, que têm como propriedade fundamental o fato de aparecer (a palavra "fenômeno" vem de *phainesthai*: brilhar, aparecer), o mecanismo vitimário desaparece necessariamente por trás das significações míticas que ele gera. Portanto, ele é paradoxal, excepcional, único enquanto fenômeno.

A inviolabilidade do mecanismo explica a segurança extrema de Satanás antes da revelação cristã. O mestre do mundo acreditava ser capaz de resguardar para sempre seu segredo

---

* Giuseppe Fornari, "Labyrinthine Strategies of Sacrifice: *The Cretans* by Euripides", in: *Contagion*, primavera 1997, p. 187.

dos olhares indiscretos, de conservar intacto o instrumento de sua dominação. E, no entanto, Satanás foi enganado. Como vimos, no final das contas, ele se deixou "enganar pela Cruz".

Para que a revelação evangélica aconteça, é preciso que o contágio violento contra Jesus seja e não seja unânime. É preciso que ele seja unânime para que o mecanismo se produza, e é preciso que ele não seja unânime para que esse mecanismo possa ser revelado. Essas duas condições não são realizáveis simultaneamente, mas podem se realizar sucessivamente.

Foi o que aconteceu, segundo todas as evidências, no caso da crucificação. Foi isso que permitiu que o mecanismo vitimário finalmente pudesse ser revelado.

No momento da prisão de Jesus, Judas já traiu, todos os discípulos se dispersam, Pedro está prestes a renegar seu mestre. O arrebatamento mimético parece estar a ponto de conduzir, como sempre, à unanimidade. Se isso tivesse acontecido, se o mimetismo violento tivesse realmente triunfado, não haveria Evangelho, só existiria um mito a mais.

No terceiro dia da Paixão, entretanto, os discípulos dispersos se reagrupam novamente em torno de Jesus, que acreditam ressuscitado. Algo se produz *in extremis*, que nunca acontece nos mitos. Aparece uma minoria contestadora, decididamente erguida contra a unanimidade perseguidora, que devido a esse fato passa a ser apenas uma maioria, certamente sempre esmagadora do ponto de vista numérico, mas a partir de então incapaz, como sabemos, de impor universalmente sua *representação* do que ocorreu.

A minoria contestadora é tão minúscula, tão desprovida de prestígio e, principalmente, tão tardia que ela não afeta em nada o processo vitimário, mas seu heroísmo irá lhe permitir não somente se manter, mas também redigir ou fazer redigir os relatos, difundidos mais tarde no mundo inteiro, que irão espalhar por toda parte o saber subversivo dos bodes expiatórios condenados de forma injusta.

O pequeno grupo dos últimos fiéis já tinha sido tomado até o pescoço pelo contágio violento. De onde ele extraiu força para se opor à multidão e às autoridades de Jerusalém? Como explicar essa reviravolta contrária a tudo o que aprendemos sobre a força irresistível dos arrebatamentos miméticos?

Para todas as questões colocadas no presente ensaio, sempre consegui encontrar até aqui respostas plausíveis num contexto puramente humano, "antropológico", mas desta vez, é claro, *isso é impossível*.

Para romper a unanimidade mimética é preciso postular uma força superior ao contágio violento, e se aprendemos algo neste ensaio, é que essa força não existe na Terra. É justamente porque o contágio violento sempre foi todo-poderoso entre os homens, antes do dia da Ressurreição, que a religião arcaica divinizou-o. As sociedades arcaicas não são tão idiotas quanto pensam os modernos. Elas têm boas razões para considerar divina a unanimidade violenta.

A Ressurreição não é apenas milagre, prodígio, transgressão das leis naturais; ela é o sinal espetacular da entrada em cena, no mundo, de um poder superior aos arrebatamentos miméticos. Diferentemente destes, esse poder nada tem de alucinatório ou mentiroso. Longe de enganar os discípulos, ele os torna capazes de identificar o que não identificavam antes, e lamentar sua lastimável debandada dos dias precedentes, reconhecendo-se culpados de participação no arrebatamento mimético contra Jesus.

★ ★ ★

Que poder é esse que triunfa sobre o mimetismo violento? Os Evangelhos respondem que é o Espírito de Deus, a terceira pessoa da Santíssima Trindade cristã, o Espírito Santo. Foi ele, segundo todas as evidências, que se encarregou de tudo. Seria falso, por exemplo, dizer sobre os discípulos que eles "caíram em si"; foi o Espírito de Deus que os pegou e não os soltou mais.

No Evangelho de João, o nome dado a esse Espírito descreve admiravelmente o poder que arranca os discípulos do contágio até então onipotente: o Paracleto.

Comentei esse termo em outros ensaios, mas sua importância para a significação deste livro é tão grande que devo retomá-lo. O sentido principal de *parakleitos* é o advogado em um tribunal, o defensor dos acusados. Em vez de buscar perífrases ou evasivas, com a finalidade de evitar tal tradução, é preciso preferi-la a todas as outras, é preciso maravilhar-se com sua pertinência. É preciso tomar ao pé da letra a ideia de que o Espírito esclarece os perseguidores sobre suas próprias perseguições. O Espírito revela aos indivíduos a verdade literal do que Jesus disse durante a sua crucificação: "Eles não sabem o que fazem." Também devemos lembrar do Deus que Jó chama: "meu Defensor."

O nascimento do cristianismo é uma vitória do Paracleto sobre seu opositor, Satanás, cujo nome significa originalmente o acusador diante de um tribunal, aquele que é encarregado de provar a culpa dos réus. Esta é uma das razões pelas quais os Evangelhos fazem de Satanás o responsável por toda mitologia.

O fato de os relatos da Paixão serem atribuídos ao poder espiritual que defende as vítimas injustamente acusadas corresponde maravilhosamente ao conteúdo humano da revelação, tal qual o mimetismo permite apreendê-lo.

Em vez de prejudicar a revelação teológica ou estar em concorrência com ela, a revelação antropológica lhe é inseparável. Essa fusão das duas é reclamada pelo dogma da Encarnação, o mistério da dupla natureza, divina e humana, de Jesus Cristo.

A leitura "mimética" permite melhor realizar essa fusão. Longe de eclipsar a teologia, a ampliação antropológica, concretizando a ideia excessivamente abstrata de pecado original, como bem notou James Alison,* ela torna sua pertinência manifesta.

* * *

Para ressaltar o papel do Espírito Santo na defesa das vítimas, não será inútil, talvez, concluir observando o paralelismo das duas conversões magníficas que se produzem em torno da Ressurreição.

A primeira é o arrependimento de Pedro após sua negação, tão importante que pode ser considerado uma nova e mais profunda conversão. A segunda é a conversão de Paulo, o famoso "caminho de Damasco".

Aparentemente, tudo separa esses dois acontecimentos: eles não figuram nos mesmos textos, um se situa bem no início, o outro completamente no fim do período crucial do cristianismo nascente. Suas circunstâncias são muito diferentes. Os dois homens são muito diferentes. Mas o sentido profundo das duas experiências não deixa de ser exatamente o mesmo.

---

* James Alison, *The Joy of Being Wrong*. Nova York: Crossroad, 1998.

O que os dois convertidos se tornam capazes de ver graças às suas duas conversões é o gregarismo violento de que estavam possuídos sem saber, o mimetismo que faz com que todos nós participemos da crucificação.

Exatamente após sua terceira negação, Pedro escuta um galo cantar e se lembra da predição de Jesus. Somente então ele descobre o fenômeno de multidão do qual participou. Ele orgulhosamente acreditava estar imunizado contra toda infidelidade a Jesus. Ao longo de todos os Evangelhos sinóticos, Pedro é o joguete ignorante de escândalos que o manipulam sem que ele o saiba. Dirigindo-se à multidão da Paixão alguns dias mais tarde, ele irá insistir sobre a *ignorância* dos seres possuídos pelo mimetismo violento. Ele fala com conhecimento de causa.

Em seu Evangelho, Lucas, no instante decisivo, faz Jesus atravessar o pátio conduzido por seus guardas, e os dois homens trocam um olhar que transpassa o coração de Pedro.

A pergunta que Pedro lê nesse olhar — "Por que me persegues?" — será ouvida por Paulo da própria boca de Jesus: "Saulo, Saulo, por que me persegues?" A palavra perseguição figura ainda na segunda frase de Jesus, em resposta à questão proposta por Paulo: "Quem és, Senhor? — Eu sou o Jesus a quem tu estás perseguindo" (Atos 9, 1-5).

A conversão cristã é sempre essa pergunta feita pelo próprio Cristo. Apenas pelo fato de vivermos num mundo estruturado por processos miméticos e vitimários dos quais todos nos beneficiamos sem o saber, somos todos cúmplices da crucificação.

A Ressurreição faz com que Pedro e Paulo apreendam, e depois deles todos os crentes, que todo enclausuramento na violência sagrada é violência contra o Cristo. O homem não é jamais vítima de Deus. Deus é sempre a vítima do homem.

* * *

Minha pesquisa só é teológica de forma indireta, por intermédio da antropologia evangélica que me parece ter sido por demais esquecida pelos teólogos. Para torná-la eficaz, eu a segui tanto tempo quanto foi possível, sem pressupor a realidade do Deus cristão. Nenhum apelo ao sobrenatural deve romper o fio das análises antropológicas.

Dando uma interpretação natural, racional, de dados percebidos antigamente como pertencendo ao sobrenatural — Satanás, por exemplo, ou a dimensão apocalíptica do Novo Testamento —, a leitura mimética amplia, na verdade, o campo da antropologia, mas, diferentemente das antropologias não cristãs, ela não minimiza o domínio do mal sobre os homens e sua necessidade de redenção.

Certos leitores cristãos temem que essa ampliação invada o domínio legítimo da teologia. Acredito, ao contrário, que dessacralizando certos temas, mostrando que Satanás existe de início enquanto sujeito das estruturas da violência mimética, estamos pensando junto com os Evangelhos e não contra eles.

É preciso observar que a ampliação antropológica se produz à custa de domínios que os teólogos atuais, mesmo os mais ortodoxos, têm tendência a negligenciar, pois eles não conseguem mais integrá-los em suas análises. Eles não querem reproduzir pura e simplesmente as leituras antigas que não dessacralizam suficientemente a violência, tampouco querem suprimir textos essenciais, em nome de um imperativo de "demitização" positivista e ingênua, no estilo de Bultmann. Assim, permanecem calados. A interpretação mimética permite sair desse impasse.

Longe de minimizar a transcendência cristã, a atribuição de significações puramente terrestres, racionais, a temas como Satanás ou a ameaça apocalíptica, torna mais atuais do que nunca os "paradoxos" de Paulo sobre a loucura e a sabedoria da Cruz. Parece-me que é na relação com os textos mais espantosos de Paulo que já se esclarece, e que amanhã irá se esclarecer mais ainda, como pressente Gil Bailie,* a verdadeira demitização de nosso universo cultural, aquela que só pode vir da Cruz.

> A linguagem da Cruz é... loucura para aqueles que se perdem, mas para aqueles que se salvam, para nós, é poder de Deus. Pois está escrito: *Destruirei a sabedoria dos sábios e aniquilarei a inteligência dos inteligentes. Onde está o sábio? Onde está o homem culto?* Onde está o argumentador deste século? Deus não tornou louca a sabedoria deste século? Com efeito, visto que o mundo por meio da sabedoria não reconheceu Deus na sabedoria de Deus, aprouve a Deus pela loucura da pregação salvar aqueles que creem. Os judeus pedem sinais, e os gregos andam em busca de sabedoria; nós, porém, anunciamos Cristo crucificado, que para os judeus é escândalo, para os gentios é loucura, mas para aqueles que são chamados, tanto judeus como gregos, é Cristo, poder de Deus e sabedoria de Deus. Pois o que é loucura de Deus é mais sábio do que os homens, e o que é fraqueza de Deus é mais forte do que os homens.
>
> (I Co 1, 18-25).

---

* Gil Bailie, *Violence Unveiled*. Nova York: Crossroad, 1995.

Este livro foi composto na tipografia Dante MT Std, em corpo 12/15, e impresso em papel off-white no Sistema Digital Instant Duplex da Divisão Gráfica da Distribuidora Record.